"读懂新时代"丛书　　　　　　孙东升／主编

共同富裕与
中国式现代化道路之思

谢　静／著

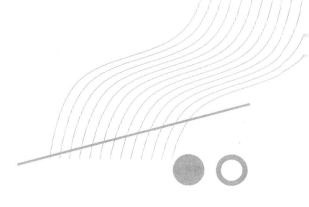

重庆出版集团
重庆出版社
DUDONG
XINSHIDAI

图书在版编目(CIP)数据

共同富裕与中国式现代化道路之思 / 谢静著 . 一重庆：
重庆出版社,2024.2
ISBN 978-7-229-17973-1

Ⅰ .①共… Ⅱ .①谢… Ⅲ .①共同富裕—研究—中国
②中国特色—社会主义建设模式—研究 Ⅳ .①F124.7
②D616

中国国家版本馆CIP数据核字(2023)第182073号

共同富裕与中国式现代化道路之思
GONGTONG FUYU YU ZHONGGUOSHI XIANDAIHUA DAOLU ZHI SI

谢 静 著

责任编辑:林 郁
责任校对:刘小燕
装帧设计:何海林

 重庆出版集团
重庆出版社 出版

重庆市南岸区南滨路162号1幢 邮政编码:400061 http://www.cqph.com
重庆出版社艺术设计有限公司制版
重庆市国丰印务有限责任公司印刷
重庆出版集团图书发行有限公司发行
E-MAIL:fxchu@cqph.com 邮购电话:023-61520646
全国新华书店经销

开本:787mm×1092mm 1/32 印张:3.625 字数:80千
2024年2月第1版 2024年2月第1次印刷
ISBN 978-7-229-17973-1

定价:32.00元

如有印装质量问题,请向本集团图书发行有限公司调换:023-61520678

总　序

2017年金秋十月，秋高气爽，丹桂飘香。习近平总书记在人民大会堂，在党的十九大报告中，郑重作出"中国特色社会主义进入新时代"的重大判断，并指出这是"我国发展新的历史方位"。这是在中华人民共和国成立近70年、中国共产党成立近100年、改革开放近40年的重大时刻，对我们党和国家所取得的伟大成就，特别是在对党的十八大以来党和国家事业取得历史性成就、发生历史性变革进行科学总结的基础上，经过审慎研究作出的科学判断，是对我国现阶段所处历史方位的科学定位。

中国特色社会主义进入新时代的重大判断，是习近平新时代中国特色社会主义思想产生的时代背景，是我国社会主要矛盾发生转变的必然结果，是我们党和国家制定发展战略和政策举措、确定工作任务和奋斗目标的重要依据。这一重大政治判断，精辟概括了当代中国发展变革的阶段性特征，科学标定了中国特色社会主义航船前行的时代坐标。

中国特色社会主义进入新时代的重大判断，具有深远的历史意义、政治意义和世界意义。对中华民族来说，这是实现伟大复兴光明前景的新时代，意味着近代以来久经磨难的中华民族迎来了从站起来、富起来到强起来的伟大飞跃；对科学社会主义来说，这是中国共产党在世界上高高举起中国特色社会主义伟大旗帜的新时代，意味着科学社会主义在21世纪的中国焕发出强大的生机和活力；对整个世界来说，这是中国为解决人类问题贡献智慧和方案的新时代，意味着中国特色社会主义道路、理论、制度、文化不断发展，拓展了世界范围内发展中国家走向现代化的实现途径，为世界上追求发展和独立的国家和民族提供了全新选择。

新时代是从党的十八大开始的。党的十八大以来，我国在经济建设、政治建设、社会建设、文化建设、生态文明建设等方面，在改革发展稳定、治党治国治军、内政外交国防等领域，都取得了历史性、转折性、全局性的突破和转变。从党的十八大到现在，十多年过去了，新时代又踏上了新征程，党的二十大胜利擘画了实现中国式现代化的宏伟蓝图。

新时代具有极其丰富的内涵。面对新时代，我们有许多可以研究的课题。比如，新时代究竟"新"在哪里？在新时代，我们要继往开来、续写新的时代篇章；我们要开创新局面，对推进强国建设、民族复兴伟业作出新的战略安排；我们要适应人民新期待，满足人民对美好生活的新向往；我们要砥砺奋进、接续奋斗，续写梦想新征程；我们要积极参与、顺应时代潮流，提升我国的国际形象和地位，等等。所有这些，都是新时代的内涵和范畴。读懂新时代，就要厘清这些问题，搞清其中道理，挖掘精神财富。

比如，应该如何看待新时代的发展历程和光明前景？

首先，新时代之所以能够取得伟大成就，根本在于"两个确立"。正是因为确立了习近平同志在党中央的核心、在全党的核心地位，为新时代中国这艘巨轮掌舵领航；正是因为确立了习近平新时代中国特色社会主义思想这一当代中国马克思主义、21世纪马克思主义的指导地位，并用这一科学理论武装头脑、指导实践、推动工作，我们的强国建设、民族复兴伟业才能经受住各种风险挑战和考验。"两个确立"是反映全体人民共同心声的重大政治论断，是新时代我们党形成的最重大政治成果、最宝贵历史经验、最客观实践结论，是党和人民应对一切不确定性的最大确定性、最大底气、最大保证。在新时代，我们必须深刻领悟"两个确立"的决定性意义，坚决做到"两个维护"。

其次，新时代的发展是一个不断探索、不断改革、循序渐进的过程。新时代的持久发展和取得的伟大成就，不是敲锣打鼓、轻轻松松就能实现的，而是要在习近平总书记和党中央的坚强领导下，需要经过几代人的不断进取、艰苦努力才能取得的。从历史发展看，从"一化三改造"到确立社会主义制度，再到"以中国式现代化推进中华民族伟大复兴"；从实行改革开放到坚持推进改革开放，再到"以巨大的政治勇气全面深化改革"，实行"更加积极主动的开放战略"；从解决温饱问题到人民生活水平显著提高，再到解决发展不平衡不充分问题……无一不是在总结历史经验的基础上得出的科学论断。

再次，新时代的发展必须坚持人民立场。全心全意为人民服务始终是我们党的宗旨，从未改变。进入新时代以来，我们党深入贯彻以人民为中心的发展思想，无论是健全社会保障体系，还是推进高质量发展；无论是强调协调推进"四个全面"战略布局，还是统筹推进"五位一体"总体布局；无论是提出"一带一路"倡议，还是不断倡导构建人类命运共同体……最终的落脚点都是增进人民福祉，让人民更安全、更幸福，获得感、满足感不断增强。新时代是为人民的时代，是属于人民的时代。

属于新时代的课题还有很多，有的非常重大，比如主要矛盾问题，比如共同富裕问题，等等。我们必须认识到，新时代的发展是全面的、立体的，新时代的发展，从顶层设计到具体实施，从上层建筑到经济基础，涉及经济、政治、文化、社会、军事、外交等各领域各方面各环节，需要各方面专家学者的深度研究和通力解读，需要有责任担当的出版机构大力宣传，积极推广。

重庆出版社策划的这套"读懂新时代"丛书，从小处着眼，聚焦某个重大问题深入研究阐释，辐射反映新时代以来的伟大变革，让人们对新时代有了更为直观的认识。这套丛书是开放性的，随着理论研究的不断深入和新时代新征程的火热实践，将会有更多学者的研究著作纳入其中。希望这套丛书出版以后，能够产生较大的社会效益，并在学术界和广大读者中产生积极影响。

孙东升

2023 年 12 月

目 录

导　言

习近平总书记在党的二十大报告中提出，"中国式现代化是全体人民共同富裕的现代化。共同富裕是中国特色社会主义的本质要求，也是一个长期的历史过程。我们坚持把实现人民对美好生活的向往作为现代化建设的出发点和落脚点，着力维护和促进社会公平正义，着力促进全体人民共同富裕，坚决防止两极分化"。习近平总书记在报告中也明确指出，新时代新征程，党的中心任务是"团结带领全国各族人民全面建成社会主义现代化强国、实现第二个百年奋斗目标，以中国式现代化全面推进中华民族伟大复兴"。作为中国式现代化五大重要特征之一的"全体人民共同富裕的现代化"，是由社会主义的根本价值追求所决定的。党的十八大以来，中国式现代化在理论和实践诸多领域取得了前所未有的推进和拓展。同时，随着我国经济社会飞速发展与社会主要矛盾的深刻变化，加快实现全体人民共同富裕成为推进中国式现代化更为紧迫的战略目标和实践指向。

现代化是人类文明发展到某一阶段的表现，反映的是从传统向现代转变的历史过程。现代化也是经济社会转型的过程和人类文明进步的过程，是人类社会从传统农业转变到现代工业的进阶过程。现代化就是一种特定阶段的实践性生成或"世界历史性的事实"，现代的生产方式造就了与之相适应的上层建筑。《在庆祝中国共产党成立100周年大会上的讲话》（以下简称《讲话》）和《中共中央关于党的百年奋斗重大成就和历史经验的决议》（以下简称《决议》）分别提出"中国式现代化新道路"和"中国式现代化道路"的命题后，相关研究陆续展开。《决议》指出："党领导人民成功走出中国式现代化道路，创造了人类文明新形态，拓展了发展中国家走向现代化的途径，给世界上那些既希望加快发展又希望保持自身独立性的国家和民族提供了全新选择。"中国式现代化道路的出场，是中国特色社会主义建设事业鲜活的实践探索与理论升华相结合所结出的硕果。中国式现代化道路体现了中国共产党对共产党执政规律、社会主义建设规律、人类社会发展规律的准确认识、把握和运用。《讲话》提出："我们坚持和发展中国特色社会主义，推动物质文明、政治文明、精神文明、社会文明、生态文明协调发展，创造了中国式现代化新道路，创造了人类文明新形态。"中国式现代化是指中国以自己的方式，依照自己的国情和发展需要，推进现代化进程的做法。中国的现代化建设主要包括经济现代化、政治现代化、文化现代化等方面。共同富裕是中国式现代化的重要目标之一，其基本内涵是全体人民共同享有社会财富，消除贫困和不平等现象，使人民生活水平不断提高。中国共产党在推进现代化建设的同时，注重人民群众的利益，努力消除贫困和不平等现象，促进社会公平和社会稳定。

　　中国共产党坚持以人民为中心的发展思想，将人民的利益放在首位。中国式现代化追求全面发展，要保障人民的基本权益，让全体人民共享现代化带来的福利。中国共产党强调坚持和平发展道路，倡导合作共赢，致力于构建人类命运共同体。中国将坚定不移地推动经济全球化进程，积极参与全球治理，推动国际合作与交流。中国将以自身发展的成果为世界作出贡献，促进全球经济的繁荣和人类社会的进步。党的二十大报告强调了中国式现代化和共同富裕的重要性，并提出了一系列具体举措和战略目标，旨在实现中华民族伟大复兴的宏伟目标。

第一章

中国式现代化的发展与内涵

习近平总书记在党的二十大报告中明确指出："科学社会主义在二十一世纪的中国焕发出新的蓬勃生机，中国式现代化为人类实现现代化提供了新的选择，中国共产党和中国人民为解决人类面临的共同问题提供更多更好的中国智慧、中国方案、中国力量。"中国式现代化推动中华民族伟大复兴的历史实践，表明了中国式现代化以全新的理念与丰硕的成就丰富了世界现代化的理论思想与实践路径，打破了以资本逻辑为内容、以资本增殖为导向的西方资本主义现代化模式，为人类的现代化进程提供了新的选择，向全人类证明了现代化朝着自由解放方向发展的光明前景。

一、中国现代化的道路演进

（一）中华人民共和国成立以前中国的现代化道路

1840年鸦片战争是中国近代史上的一个重要事件，对中国的政治、经济、文化等方面都产生了深远的影响。自此，中国开始走上了一条与世界接轨、寻求现代化的道路。鸦片战争伊始，我国传统社会在西方的冲击下难以为继，为了摆脱落后挨打的局面，不得不开启从传统农业社会向现代化社会的转型。此时，一些仁人志士，强调依靠自身力量，学习西方的科学技术、管理经验，企图走一条自强求富的改

良道路。洋务运动是19世纪末清朝政府推行的一项现代化
运动，旨在引进西方科技和文化，以提高中国在国际上的地
位和实力。

洋务运动可以说是中国早期现代化的尝试，具有一定的
进步意义。在洋务运动中，清政府采取了一系列措施，如引进
西方科技和文化、修建铁路、建设近代化的企业和工厂、改
革军制等，试图在政治、经济、军事等领域推进现代化建
设。这些措施促进了中国的现代化进程，但洋务运动最终是
以失败告终的。洋务运动的失败，一方面是清政府的腐败等
问题，导致了大量国库财产浪费和收效不佳；另一方面则是
缺乏民间资本和商业机制的支持，导致洋务运动的建设成果
不能得到有效的运用和发挥。洋务运动表明了清朝政府开始
意识到中国与西方列强的差距，并尝试采取措施加以改变。
洋务运动中引进的一些科技和文化成果，如电报、邮政、航
运、铁路，都为中国的现代化进程提供了重要的物质基础。
总的来说，洋务运动对中国的现代化进程有着一定的开拓作
用，也为后来中国现代化道路的探索和实践奠定了一定的
基础。

洋务运动试图在不触及封建制度的前提下"自强""求
富"，没有深入到社会制度变革层面进行现代化探索，结
局必定是失败。1911年辛亥革命爆发，推翻了清政府，中

国进入了民主革命时期。在这一时期，中国开始接受西方政治制度和文化思想，逐步走上了自由民主和科学文明的道路。可以说，辛亥革命是中国现代化道路上的一个重要事件，它标志着中国的封建专制统治结束，民主革命开始，对中国现代化进程产生了深远的影响。

首先，辛亥革命推翻了清王朝的封建专制统治，建立了民主共和制度，为中国现代化建设创造了政治基础。辛亥革命后，中国开始进行制度上的改革。例如，《中华民国临时约法》的制定，建立议会制度、选举制度等，奠定了中国现代化民主政治的基础。其次，辛亥革命引进了西方思想和文化。辛亥革命前后，中国知识分子开始广泛接触和吸收西方思想和文化，如民主、科学、人权以及平等等现代思想，给中国的思想文化领域带来了新的变革，为中国的现代化建设提供了理论支持。再次，辛亥革命推动了经济现代化。辛亥革命后，中国开始进行经济现代化的探索，并加强与世界其他国家的贸易联系，引进外国资本和技术。最后，辛亥革命还推动了文化和教育现代化。例如，新的教育制度和教育思想的引入，促进了中国教育的现代化进程，为中国现代化建设提供了思想准备和人才支持。

1840年鸦片战争后，发达的西方资本主义国家展开了对中国的殖民侵略，广大中国人民生活困苦，在夹缝中求生存。在中国早期现代化的演进过程中，中国人民在试图为中国寻求一条新的出路。从学习器物的洋务运动，到学习制度的百日维新，再到学习思想的辛亥革命，这些运动都没有从根本上改变中国的国家性质。历史的经验告诉我们，资本主义的现代化道路对中国来说是不可行的。随着俄国十月革命取得成功，中国人民有了新的思想方向，即马克思主义的科学指导。一些眼光长远的中国人开始接受、学习并宣传马克思主义，并在这一科学理论的指导下进行现代化道路的探索。

1921年中国共产党成立。从成立之初，中国共产党就把实现民族独立、人民解放作为首要目标。中国共产党人始终坚持马克思主义，并将其作为指导思想，坚定实现社会主义和共产主义的奋斗目标。中国共产党人早在20世纪30年代就开始用"现代化"或"近代化"等概念来分析中国社会的发展问题，比如毛泽东在1938年提出"革新军制离不开现代化"。1945年，毛泽东在党的七大上指出，中国工人阶级的任务，不但是为着建立新民主主义的国家而斗争，而且是为着中国的工业化和农业近代化而斗争；1949年3月，毛泽东再次强调，革命取得胜利后中国要"由农业国转变为工业国"……这为新中国成立后探索现代化道路奠定了思想基础。

（二）中华人民共和国成立之后中国的现代化道路

1949年，中华人民共和国成立，中国人民从此站起来了，实现了民族独立和人民解放，中国的现代化建设也进入了初步探索的阶段。为尽快恢复和发展国民经济，党在准确把握我国实际情况的前提下，结合中国现代化进程的规律，对现代化道路展开了新的探索，制定了符合当时国家发展的"一化三改造"（实现国家工业化和对农业、手工业、资本主义工商业的社会主义改造）的过渡时期总路线。1957年3月，毛泽东指出，我们一定会建设一个具有现代工业、现代农业和现代科学文化的社会主义国家。1959年12月至1960年2月，毛泽东在读苏联《政治经济学教科书》时进一步指出，建设社会主义，原来要求工业现代化、农业现代化、科学文化现代化，现在要加上国防现代化。1960年，"四个现代化"发展目标开始进入人们的视野。同年2月中旬，周恩来将"科学文化现代化"改称为"科学技术现代化"。这让"四个现代化"的提法更加准确、科学了。1964年，周恩来明确指出"把我国建设成为一个具有现代农业、现代工业、现代国防和现代科学技术的社会主义强国，赶上和超过世界先进水平"……在社会主义的建设和探索时期，因为对现代化没有足够的了解和科学的认识，加上党内出现"左"倾的错误，使得在建设过程中出现了一些曲折，但还

是取得了巨大成绩,初步建立起独立自主、门类齐全的工业
体系和国民经济体系。

在新中国成立后的头30年里,党带领全国各族人民自
力更生、奋发图强,取得了一系列伟大成就。同时由于对社
会主义建设缺乏经验以及国际形势的复杂化,过程中出现了
经济建设急躁冒进、生产资料所有制形式过于单一、对资本
的逻辑认识不清等问题。这一时期,我们党对社会主义现代
化的初步探索和正反两方面的经验教训,为改革开放后中国
式现代化道路的开辟提供了基本的制度基础、物质基础和宝
贵经验。

"文革"结束后一段时间内,在"两个凡是"的束缚下,
国内思想陷入僵化,经济发展停滞不前,我国现代化建设面
临巨大阻力。1978年,党的十一届三中全会召开,作出把
党和国家工作中心转移到经济建设上来,实行改革开放的历
史性决策,开启了改革开放和社会主义现代化的征程。1979
年,邓小平提出,现在搞建设,也要适合中国情况,走出一
条中国式的现代化道路。他在充分肯定新中国社会主义革命
和建设时期建成的"两个体系"的同时,指出在新的历史时
期和新的历史条件下,探索出一条中国式的现代化道路的
重要性。"三步走"的发展战略,以及到21世纪中叶的发
展目标,为社会主义现代化建设指明了方向。在这个阶段,

党领导全国人民开创和发展了与我国国情相适应的现代化道路。

改革开放以来，我们开启了对市场经济的思考：一方面，如何发挥市场作用，利用资本激发经济活力，解放和发展生产力；另一方面，如何限制市场的短视性、盲目性等弊端，减少由其带来的负面影响。这便要求既要改变原先高度集中的计划经济体制，建立起更符合社会生产力发展要求的经济制度，同时要毫不动摇地坚持四项基本原则。党的十四大明确了我国经济体制改革的目标是建立社会主义市场经济体制。从此，中国式现代化开辟了市场经济与政府宏观调控相结合的新路径。20世纪末，世界社会主义遭到严重挫折，社会主义现代化建设的国际环境严峻，中国共产党带领人民坚持扩大对外开放，坚持不懈地推进中国现代化建设。进入21世纪，中国共产党更加注重推动现代化建设，强调现代化建设的可持续发展，始终坚持以人为本，继续探索和推进中国式现代化道路。江泽民指出，中国的社会主义既不是苏联模式，也不是东欧模式，而是有中国特色的社会主义。这进一步廓清了中国式现代化道路的发展方向。党的十六大以来，我们党成功"开辟了中国特色社会主义道路，形成了中国特色社会主义理论体系"。事实证明，从中国国情出发，走自己的路，既是中国特色社会主义道路的必然选择，也是中国式现代化发展的必然要求。

党的十八大以来，以习近平同志为核心的党中央更加关注现代化道路问题，从理论高度和思想深度提出了一系列新的理论和战略部署，丰富了其内涵，提出要推进"国家治理体系和国家治理能力的现代化"，中国式现代化道路得到不断的创新和发展。作为起步较晚的现代化国家，中国想要赶超英、美等先发型现代化国家，不仅要在发展速度方面赶超，还要在发展质量上赶超。在新时代，党中央从注重经济的高速发展到注重经济的高质量发展、协调发展，提出了创新、协调、绿色、开放、共享的发展理念，以此引领经济社会的发展。党的十九大指出在完成第一个百年奋斗目标后，要趁势向第二个百年奋斗目标奋进，提出了新"两步走"的现代化战略安排："第一个阶段，从二〇二〇年到二〇三五年，在全面建成小康社会的基础上，再奋斗十五年，基本实现社会主义现代化"；"第二个阶段，从二〇三五年到本世纪中叶，在基本实现现代化的基础上，再奋斗十五年，把我国建成富强民主文明和谐美丽的社会主义现代化强国"。党在新时代对中国现代化道路的探索，既遵循了现代化的一般规律，又遵循了社会主义现代化的特殊规律，还结合了中国实际，为人类文明演进作出了巨大贡献。

2022年10月16日，党的二十大报告提出了重要目标："以中国式现代化全面推进中华民族伟大复兴。"这一目标不仅是我国社会主义现代化建设长期实践和探索的科学总结，也是对世界现代化理论的重大丰富和发展。它标志着中国特色社会主义迈入新的境界，为全球现代化发展注入全新的形态。它基于对实践的深入总结，确立了发展方略，并制定了实施路径，为迈向第二个百年奋斗目标吹响了冲锋号。党的二十大报告提出了以中国式现代化全面推进中华民族伟大复兴的任务书、时间表和路线图，为实现中华民族伟大复兴指明了方向。推进中国式现代化需要我们保持自信自强，不断追求高质量发展；同时，我们要坚持"五位一体"全面推进，即经济建设、政治建设、文化建设、社会建设和生态文明建设相互促进、协调发展。在实施中国式现代化过程中，我们要坚持守正与创新的辩证统一。这意味着我们要继承和发扬优秀传统文化，坚守核心价值观，同时积极拥抱科技创新、文化创新和制度创新，推动现代化建设不断迈向新的阶段。为了实现中国式现代化，我们还需要立足自身，不断强化自身建设。这包括加强党的建设，提高党的领导水平和执政能力，加强干部队伍建设，培养现代化建设需要的各类人才，同时注重社会主义核心价值观的培育和传播，以推动全社会的发展。党的二十大报告提出的以中国式现代化全面推进中华民族伟大复兴的目标和路径，为我们指明了前进的方向。我们要坚定信心，全面落实报告提出的任务和要求，不断努力，奋力推进中国特色社会主义事业。

中国的现代化进程起源于西方资本主义国家的侵略，中国被迫打开国门并被迫融入现代化浪潮。中国共产党在不同的历史时期一直在思考和探寻现代化道路。中国共产党成立之初，不仅为争取国家独立而奋斗，也注重现代化建设，团结带领全国人民艰苦探索。中华人民共和国成立后，在实现国家独立和民族解放的基础上，致力于推进"一五"计划和"三大改造"。进入新时代，更是以"五位一体"总体布局和"四个全面"战略布局进一步推进现代化进程。在不同的历史时期，中国共产党始终坚持对现代化道路的探索，创造了独特的中国式现代化道路，为人类文明开创了新的形态。中国日益走近世界舞台中央。中国的现代化进程不仅是国内发展的内在需求，也是对世界现代化进程的积极回应，彰显了中国在全球舞台上承担更大责任和发挥更大作用的决心。中国将继续为实现人类共同发展做出不懈努力，促进世界的和平、稳定与繁荣。

二、中国式现代化的理论基础与科学内涵

唯物主义认识论认为，实践是将人的主观意识与客观现实联系起来的中介。通过实践，人的主观能动性与客观物质规律相结合，从而实现对世界的改造。实践不仅是认识的来源，还是对认识加以检验、修正、改进和提升的基础。理论与实践的结合是马克思主义认识论的必然要求。马克思主义理论既吸收了黑格尔辩证法的"合理内核"，又吸纳了费尔巴哈唯物主义的"基本内核"，通过实践这个中介，实现了唯物主义辩证法的统一。唯物主义辩证法强调一般与特殊之间的关系，强调理论与实际相结合。恩格斯曾多次强调"马克思主义不是教条，而是发展中的理论"。马克思主义是一个开放的体系，随着时代和实践的进步不断丰富和发展。我们要将马克思主义基本理论与中国具体国情相结合，与中华优秀传统文化相结合，不断推进基于实践的理论创新。唯物史观指出，人民群众是历史的主体、历史的创造者，是推动历史前进的根本力量。任何先进的理论，如果不能广泛传播于人民群众中，为人民群众所掌握，指导人民群众的实践活动，就无法成为现实的强大力量。

中国式现代化是"五位一体"全面推进的现代化。中国式现代化道路新的发展格局从经济领域拓展至政治、文化、

社会、生态等非经济领域，构建包括物质文明、政治文明、
精神文明、社会文明以及生态文明协调发展的"五位一体"
新格局。这五个文明相互作用、相互制约、相互促进，统一
于中国特色社会主义伟大事业之中。其中物质文明是基础，
为中国式现代化提供坚实的物质前提；政治文明是保障，确
保现代化是中国特色社会主义的现代化；精神文明则为中国
式现代化提供思想保证和精神动力；社会文明为中国式现代
化提供公平、公正、和谐的社会环境；生态文明为中国式现
代化提供可持续发展的保障。"五位一体"总体布局的统筹
规划、全面推进旨在确保全体人民能在各个方面、各个领域
与中国式现代化道路的具体要求和现实目标相契合。中国式
现代化道路是一个不断展开、不断完善与不断丰富的历史过
程，这一过程也是物质文明、政治文明、精神文明、社会文
明以及生态文明全面推进、协调发展的过程。

中国式现代化是坚持党的全面领导与全面从严治党的现
代化。党的十八大以来，以习近平同志为核心的党中央站在
保持党的先进性和纯洁性，维护党长期执政和国家长治久安
的政治高度，创造性地提出了依规治党的重大命题，并将其
作为管党治党的长远之策、根本之策。中国共产党是我国最
高政治领导力量，从严治党关乎党和国家事业的兴衰成败。
全面从严治党必然要求依规治党，也必须依规治党。现阶

段，中国共产党的任务之一是实现中国式现代化，这是全面超越西方资本主义现代化的新型现代化，具有更高的标准和更全面的要求。中国地域广阔、人口众多，但是资源又相对匮乏，从1840年以来各种力量都曾经试图在这一片土地上实现现代化。这条道路被证明是充满了艰辛与挑战的道路，而事实证明只有中国共产党才能完成这一历史使命。中国共产党自成立起，就将无产阶级性质和马克思主义写进中国现代化的进程，将全心全意为人民服务植根于中国现代化的建设之中。中国式现代化建设以人民为主体力量，坚持人民当家作主，发展全过程人民民主，健全人民当家作主制度体系，保障人民依法行使各项民主权利；坚持以人民为中心的发展思想，坚持无产阶级的革命性、斗争性，将马克思主义先进理论与人民群众紧密结合，获得群众的广泛支持与拥护。

中国式现代化是与人类文明新形态的构建相辅相成的现代化。马克思在《关于费尔巴哈的提纲》中说，"人的本质不是单个人所固有的抽象物，在其现实性上，它是一切社会关系的总和"，并且，"全部社会生活在本质上是实践的"。我国正在建设和发展的中国式现代化，"是全体人民共同富裕的现代化"，"是物质文明和精神文明相协调的现代化"，"是人与自然和谐共生的现代化"。党的二十大报告指出，"中国式现代化的本质要求是：坚持中国共产党领导，坚持中国特色社会主义，实现高质量发展，发展全过程人民民主，丰富人民精神世界，实现全体人民共同富裕，促进人与自然和谐共生，推动构建人类命运共同体，创造人类文明新形态。"中国共产党领导中国人民用几十年走完了发达国家几百年的工业化道路，创造了人类现代化进程的伟大奇迹。中国式现代化道路能够走得通、走得稳、走得好，很大原因就在于深深扎根于中国土壤，从中国现实问题和中华优秀历史传统中汲取养分。但这并不意味着我们是"关起门来搞建设"，而是以开放的姿态，主动融入全球化的进程，吸收人类社会发展至今的一切文明成果，在不断完善自我中实现创造性发展。中国式现代化超越了"资本中心主义""西方中心论"等思想，把中国特色社会主义现代化道路与人类文明发展大道有机结合，充分尊重世界文明的多样性与平等性，顺应时代的发展潮流，推动构建人类命运共同体。中国式现代化凭借其独特的理论与实践已成为人类现代化的重要组成部分，不仅为世界上其他国家的现代化之路提供了全新视野，而且拓宽了人类文明发展大道，将中华民族特色融入其中。

中国式现代化开创了人类文明新形态，为世界上既想通过现代化发展自身但又不愿丧失自身独立性的民族和国家提供了一种有效的选择。中国共产党在百年时间里领导中国人民进行现代化建设的每一次重大飞跃，都是推进中华民族伟大复兴的历史性进步。

中国式现代化是对内坚持共同富裕、对外坚持和平发展顺应人类文明进程的现代化。其丰富的内涵从本质上来说，就是坚持中国共产党的全面领导，坚持以人民为中心的发展思想，通过利用资本激发市场活力以满足人民群众日益增长的美好生活需要，以实现共同富裕为目标，防止资本的无序扩张。

马克思高度肯定资本"非常革命的作用"，但也对其作了深刻的批判。资本在其产生、发展过程中摧毁了旧的生产关系，把人从封建等级制度、人身依附关系中解脱出来，其追求利润增殖的本质促使着资本家们不断改进生产方式、优化管理模式、提高生产效率，推动了现代科学技术的发展和社会的进步。但是，资本也造成了社会发展的片面化。人与人之间的关系被物与物的关系所掩盖，商品拜物教、货币拜物教等观念对现代社会的影响不容小觑。资本家作为人格化的资本，通过各种手段榨取剩余劳动，剥夺劳动者正常生活和发展条件。劳动者最终被自身劳动创造出来的劳动产品所奴役。现代社会中由资本主义生产方式的基本矛盾所引发的周期性经济危机，致使大批工人失业，生计难以维持，造成社会秩序混乱、矛盾冲突不断。

三、中国式现代化在经济、政治、文化等方面的特点

马克思、恩格斯进一步从现实的人出发，指出未来的共产主义社会是"对私有财产即人的自我异化的积极的扬弃"，是建立在高度发达的生产力以及与此相关的普遍的世界交往的基础上，最终实现"自由人的联合体"，"共产主义对我们来说不是应当确立的状况，不是现实应当与之相适应的理想……是那种消灭现存状况的现实的运动"。这要求我们把共产主义理想与现实运动相结合，立足于本国国情与社会基本矛盾。社会主义初级阶段这一最基本的国情要求我们吸收包括资本主义文明在内的一切人类先进文明成果进行社会主义现代化建设，对资本进行积极的扬弃：一方面，合理地利用资本，充分发挥资本在激发经济活力、发展生产力等方面的作用；另一方面，理解资本的局限性，划定其作用限度和范围，维护好最广大人民群众的根本利益。这也是中国式现代化道路科学内涵的深刻体现。

在经济上，中国式现代化主张走一条以市场为导向的改革发展道路，通过深化改革、加强创新、培育人才等措施，推动经济由传统产业向高端、智能化产业转型升级，不断提升经济发展的质量和效益，实现经济现代化。

改革开放以来，中国的现代化建设证明了市场经济带来

的推动作用。党的十八届三中全会提出，使市场在资源配置中起决定性作用，明确了我国市场化改革的方向。但是，随着市场经济的发展，我国的经济领域不可避免受到资本逻辑的影响，出现了一些负面效应，如私人资本、个人资本的过度膨胀。中国在全球化方面的参与，也使得我们容易受到国际市场动荡、外部势力干预、金融危机、房地产市场泡沫等问题的威胁。面对国内国际经济发展的双重挑战，中国式现代化强调要"更好发挥政府作用"，运用好"看得见的手"来限制资本的无序扩张。这就要求我们，一方面，坚持公有制的主体地位，在国家安全保障、基础设施建设、医疗教育等社会领域中要集中力量稳步前行；另一方面，坚持多种所有制经济共同发展，"毫不动摇鼓励、支持、引导非公有制经济发展"，保证非公有制经济在政府的积极引导下保持健康稳定的发展，在技术创新、增加就业、提高国民收入等方面发挥重要作用。在经济方面，中国式现代化道路根据现实不断调整政府和市场的关系，激发各生产要素活力，使不同所有制经济协调发展，使经济在持续稳定发展的同时绝不偏离改善人民生活、实现民族复兴的轨道。

在政治上，中国式现代化强调政治稳定和强有力的领导力。中国政府通过政治体制改革和治理现代化，建设法治化的政府，公正、透明的司法体系，实现政府服务的现代化和信息化等一系列措施，推进政治现代化。

坚持全面从严治党，加强党的自我建设与自我革命，始终保持中国共产党的先进性、纯洁性。中国共产党自成立起始终代表最广大人民的根本利益。目前，我国正处于全面建设社会主义现代化国家、全面推进中华民族伟大复兴的关键时期，中国比以往任何时期都更需要坚持党的全面领导。坚持全面从严治党，严厉整治不正之风，保证中国的现代化之路是在党的全面领导下为最广大人民群众的根本利益而奋力前行。中国的现代化，只能走中国共产党领导下的社会主义道路。邓小平同志明确指出，如果我们不坚持社会主义，最终发展起来也不过成为一个附庸国，而且就连想要发展起来也不容易。中国坚持社会主义，既不能走封闭僵化的老路，更不能走改旗易帜的邪路，必须走出中国特色社会主义的新路。在领导改革开放的伟大实践中，我们党坚定不移走中国特色社会主义道路，形成和发展中国特色社会主义理论体系，坚持和完善中国特色社会主义制度，大力发展中国特色社会主义文化，从道路、理论、制度和文化上确保中国式现代化道路的正确方向。中国共产党从来不墨守成规、故步自封，从来都是勇于改革、善于创新。新时代全面深化改革开放，根本的就是冲破思想观念的束缚，破除体制机制的弊端，打破利益固化的藩篱，放手让一切劳动、知识、技术、管理、资本的活力竞相迸发，让一切创造社会财富的源泉充分涌流。中国式现代化是中国人民自己的事业，因此要始终坚持人民至上，坚持党的群众路线，坚持把人民对美好生活的向往作为自己的奋斗目标，坚持以人民为中心的发展思想，发展全过程人民民主，充分激发全体人民的主人翁精神。

在文化上，中国式现代化强调保护和弘扬中华优秀传统文化，同时吸收并包融外来文化。中国政府通过加强文化产业建设、推进文化教育改革、弘扬中华文化等措施，促进中国文化的现代化。习近平总书记指出："中国式现代化，是中国共产党领导的社会主义现代化，既有各国现代化的共同特征，更有基于自己国情的中国特色。""中国特色"所包含的深厚中华优秀传统文化底蕴，正如习近平总书记所强调的那样："如果没有中华五千年文明，哪里有什么中国特色？"改革开放以来，我们日益认识到中华优秀传统文化是中华民族的突出优势和精神标志，不仅反映出中华文明绵延发展的历史传承，更是今天中国式现代化的精神源泉。

改革开放以来，市场化体制机制被逐步引入文化领域，文化生产者的积极性被充分调动起来，文化产品的种类和质量均得到大幅提升，人民群众的文化需求进一步得到满足，社会主义文化实现大繁荣大发展。但同时文化领域也出现了一些乱象，如文化生产主体只关注经济效益，片面迎合受众消遣娱乐的需要，这必将导致文化领域过度娱乐化、庸俗化的价值取向，以及拜金主义、享乐主义等错误思潮的滋生。在这种情况之下，中国式现代化道路必须要坚持马克思主义在意识形态领域的指导地位，旗帜鲜明地反对和抵制各种错误思潮、错误观点，避免这些错误思潮、错误观点向文化领域渗透。要用社会主义核心价值观引领社会主义文化建设，把社会效益放在首位，社会效益和经济效益相结合，推动文化事业和文化产业的全面发展。

总的来说，中国式现代化是全方位的现代化，包括了政治、经济、文化等方面的发展，以适应中国日益增长的发展需求和面临的挑战，为实现中华民族伟大复兴提供支撑。中国式现代化道路真正把"人"放在了主体和核心的地位，坚持以人民为中心，强调人民是现代化的建设者，同时也是现代化成果的享有者。党始终着眼于最广大人民的根本利益，坚持在发展中保障和改善民生。共同富裕既是我们党持之以恒的奋斗目标，也是中国式现代化的价值目标和实践追求。

今天，生态问题已经是全球性问题。环境污染、能源危机、生态系统失衡等问题已经影响到了全人类的生存发展利益，这显然不符合人类文明进程的要求。中国自古就有"道法自然""天人合一"的思想，强调人与自然和谐共生。中国在现代化进程中也面临着环境治理、生态文明建设的严峻挑战。生态文明建设是关乎中华民族永续发展的根本大计，我们应充分发挥历史主动精神，使相关法规制度不断明细化、严格化，坚持绿色发展，建设美丽中国。中国式现代化道路不同于西方国家仅仅追求资本的增殖，把人的欲望凌驾在自然之上的"资本中心主义"的发展理念，而是将"绿水青山就是金山银山"的发展理念融入现代化的进程之中，努力实现人与自然的和谐统一，主动担负起世界大国的责任，体现大国的担当，使人类文明形态更先进、更有质量。

中国从积贫积弱一步步走向繁荣富强，从未靠对外扩张、对外掠夺，而是在党的领导下走出一条和平发展的道路。我们始终坚持以开放的姿态学习他国的技术、经验，在相互尊重、互利共赢中进行现代化建设。随着经济全球化和第三次科技革命的发展，世界各国的联系越来越紧密，经济发展、生态环境、社会稳定等全球性问题已经超越了国别和种族的界限，威胁到全人类的生存发展利益。中国深刻洞察这一现实，呼吁全世界人民携手解决世界性问题，推动构建人类命运共同体。可以说，中国式现代化道路超越了资本强权逻辑，坚定了和平发展道路，是人类和平之路的优秀典范。

当今世界格局不断演变，西方国家的现代化模式已经不复从前辉煌，逐渐地走向衰落，陷入了发展方面的困境。其主要表现为：首先，西方国家传统现代化道路在产生时就有着自身所无法克服的弊端，这种本身所固有的弊端是无法通过自我改善来消除的，最多只是在一定程度上缓解；其次，许多经济不发达的国家盲目想要追赶西方现代化的进程，却忽视了本国的具体实际，不结合自身实际谈发展是很容易失败的；再次，西方的现代化道路在产生时很大程度上依靠殖民掠夺和殖民扩张，是在掠夺他人财富的基础上来寻求自身的发展，这会加剧全球的不平等状况；最后，伴随着经济全球化的持续推进，各个国家、民族、地区都不会独立于全球化的体系之外，每个国家都更加紧紧相连，构建人类命运共同体的理念得到广泛认同，每个国家都想在自身利益不受损的情况下得到发展，像西方原有的靠殖民掠夺和不平等贸易的发展手段已经不再适合世界和平与发展的潮流和趋势。

中国式现代化与西方国家的现代化有着根本区别。中国的现代化道路是在维护自身利益寻求发展的同时，注重维护他国合理利益和安全，以促进双方互惠发展的现代化道路。中国式现代化道路更加强调各个国家的和平发展、互惠互利、双赢共赢，坚决不走西方资本主义国家"国强必霸"的老路，它是将"中国特色""现代化发展"和"社会主义道路"融合在一起的现代化发展道路。

中国式现代化道路借鉴了现代化的一般性规律，与世界其他国家的现代化道路有一定的相似之处，但却是在"取其精华，去其糟粕"的基础上，着眼于中国的实际情况，在坚持在党的领导下，不断推动中国特色社会主义发展的一条不同于西方国家现代化道路的新路。

四、中国式现代化的世界历史意义

改革开放以来，中国共产党领导中国朝着社会主义现代化的目标稳步前进，这一进程牵动着整个国家和民族的命运。邓小平曾明确提出中国式现代化的理念，即"大胆吸收和借鉴人类社会创造的一切文明成果，吸收和借鉴当今世界各国包括资本主义发达国家的一切经验"。中国式现代化的道路展现了开放格局和比较优势，同时凸显了中国特色社会主义制度文明的优越性。这一道路彰显了现代化与社会主义相互融合所带来的强大社会发展活力。中国式现代化还同时体现了中华民族独特的历史背景和民族特色，并通过实践创新不断进行文化创造，呈现出具有中华文化底蕴的崭新形态，凸显了其在世界历史中的深远价值。

在中国式现代化出现之前，世界各国的现代化主要采用了两种模式，即掠夺式现代化和依附式现代化。近代以来，西方国家大都采用的是通过对海外殖民掠夺的方式，暴力占有海外资源和市场，完成资本原始积累并维持经济发展的现代化模式。党的二十大报告指出："我国不走一些国家通过战争、殖民、掠夺等方式实现现代化的老路，那种损人利己、充满血腥罪恶的老路给广大发展中国家人民带来深重苦难。"除了掠夺式现代化之外，人类历史上还存在另一种现代化模式，即依附式现代化。一些后发展国家通过出让自身主权或资源来交换西方大国的保护，依附在西方大国的生产链、供应链和价值链上，从而实现自身的经济发展和社会重建，实现现代化目标。

党的二十大报告指明了中国式现代化的特点，并坚定表明了我国不走西方现代化老路的决心。这种决心源于我们对和平发展道路的探索。当今，掠夺式现代化和依附式现代化已经失去了合理性，显然中国要实现现代化就不能再走历史上的老路。同时，中华民族一直崇尚和平，不存在依靠掠夺实现现代化的历史传统，也没有依附他人实现现代化的文化基因。习近平总书记对中华民族的和平基因进行了深刻的阐述，中华文化强调"亲仁善邻、协和万邦"，认为和平至上、好战必败。基于这种和平理念，中国不可能走掠夺式现代化的老路。中国共产党一直有坚持独立自主、自力更生的政治理念和价值体系。"独立自主是中华民族精神之魂，是我们立党立国的重要原则。走自己的路，是党百年奋斗得出的历史结论。"这条路必将继续引领中国走向现代化的成功。

党的十九大报告指出："中国特色社会主义进入新时代，意味着近代以来久经磨难的中华民族迎来了从站起来、富起来到强起来的伟大飞跃，迎来了实现中华民族伟大复兴的光明前景……意味着中国特色社会主义道路、理论、制度、文化不断发展，拓展了发展中国家走向现代化的途径……为解决人类问题贡献了中国智慧和中国方案。"中国共产党团结带领全国各族人民如期实现全面建成小康社会目标，党和国家事业发生历史性变革、取得历史性成就，为实现中华民族伟大复兴提供了更为完善的制度保证、更为坚实的物质基础、更为主动的精神力量。"五位一体"总体布局，既丰富拓展了人们对现代化的认识，也标志着不同以往的新的文明形态的正式形成。

中国式现代化是中国共产党人通过不断总结社会主义现代化的经验和教训，立足社会主义初级阶段的基本国情，创造出的适合中国发展实际需要的现代化理论。迄今为止的人类社会发展史一再证明，人类文明的多样性是不同类型文明的基本存在形态。中国式现代化是基于对马克思主义的创新发展，不断继承发展科学社会主义传统、不断吸收借鉴其他优秀文明形态、坚持继承和发展中华优秀传统文化而得以创造的，是全新的人类文明形态。中国式现代化，以文明交流

超越文明隔阂，以文明互鉴超越文明冲突，体现的是文明的
交融，非常鲜明地展现出人类文明的多样性和世界发展的多
样化，本质上是一种不同以往的、创新性的社会主义文明形
态，超越了西方资本主义文明。从近代社会发展来看，资本
和资本主义的结合开创了比以往阶级社会更为先进的文明形
态，曾经为人类社会发展作出了重要贡献。但是，西方现代
化是以物质主义为核心、资本逻辑支配下的畸形发展模式，
具有无法克服的内在弊端。由于资本主义自身存在的根本矛
盾，资本主义现代文明面临着难以持续发展的困境，这是促
进中国式现代化产生的重要现实原因。中国式现代化，是物
质文明和精神文明相协调的现代化，旨在推动社会全面进
步、富强民主文明和谐美丽全面实现，旨在促进物的全面丰
富和人的全面发展，不以牺牲环境为代价去换取一时的经济
增长，不会重蹈物欲横流、物质主义泛滥的西方现代化覆
辙。中国式现代化创造的人类文明新形态打破了西方先发现
代化国家确立的"霸权秩序"。在西方先发现代化国家依靠
掠夺扩张建立起的世界秩序中，充满"西方中心观"和"文
明优越论"。占世界总人口80%以上的发展中国家有权选择
自己的社会制度、发展道路、生活方式和文化价值。每个国
家都应该超越社会制度和意识形态的差异，相互尊重，友好
相处。历史没有终结，也不可能被终结。中国式现代化是中

国共产党领导下开辟的不同以往的现代化新方案，作为人类
文明新形态对于世界文明多样化发展具有重大价值。

在实现从传统到现代的转型过程中，在社会主义现代化
建设中，中国式现代化打破了以往的现代化模式。以往的现
代化模式将现代化等同于资本主义发展历程，这种单一的现
代化观体现了浓厚的资本主义论调，为资本原始积累、殖民
与战争、生态环境破坏进行合理化辩护，并试图将这种西方
现代化发展模式强加给世界其他民族和国家。资本主义的全
球拓展，对于今天人类的生产生活方式和交往形式产生了深
刻的影响。这种影响造成的"西方中心论"是一种对东方从
属于西方的历史情境的超历史的强制阐释。中国式现代化摒
弃了以资本为中心的单一发展模式，超越了"零和博弈"和
对外扩张的思维定势，力图摆脱两极分化和物质主义的泥
淖，秉承着中华文明的历史底蕴与时代精神，为解决人类问
题贡献中国智慧，为现代化理论与实践提供中国方案、中国
道路。

中国式现代化的目标是解决人口规模巨大的国家实现经
济跨越式发展的难题。通过工业化、信息化、城镇化和农业
现代化的叠加发展方式，中国式现代化不仅赓续了中华文
明，还实现了马克思主义基本原理同中国具体实际以及中华
优秀传统文化的有机结合。中国式现代化不仅体现了现代文

明的普遍性，而且通过内在的超越方式成功克服了现代性危机。我们今天深刻认识到西方现代化进程中存在的贫富差距、价值冲突和对抗性矛盾。因此，中国式现代化必然要超越资本主义文明形态，在世界历史进程中确立超越文明隔阂和冲突的新发展观，通过文化涵养实现文明的进步，稳步推进全体人民的共同富裕，并倡导构建人类命运共同体。我们应该尊重不同国家和地区文明在普遍交往中实现各自发展的经验，深刻把握人类文明演进的历程。正如马克思所说："整个所谓世界历史不外是人通过人的劳动而诞生的过程，是自然界对人来说的生成过程。"世界历史是人们在劳动实践中创造的，而不是资本逻辑必然导致的结果。

党的二十大明确了党的中心任务，也强调了在推进和拓展中国式现代化的道路上应牢牢把握的重要原则：坚持和加强党的全面领导，坚持中国特色社会主义道路，坚持以人民为中心的发展思想，坚持深化改革开放，坚持发扬斗争精神。要推进和拓展中国式现代化，我们必须遵循以上原则，深刻领悟我们党对全面建成社会主义现代化强国的总体战略安排，把握以中国式现代化全面推进中华民族伟大复兴的实践逻辑，充分理解中国式现代化的科学内涵以及彰显其在世界历史中的意义。

第二章

作为社会主义本质特征的
共同富裕

我们追求的发展是造福人民的发展，我们追求的富裕是全体人民的共同富裕，共同富裕是社会主义的本质要求。在中国的现代化进程中，党和政府一方面致力于加快经济发展、推进科技创新、加强基础设施建设、提高人民生活水平，以实现国家的现代化；另一方面也十分注重人民群众的利益，努力消除贫困和不平等现象，促进社会公平和社会稳定，以实现共同富裕。

全体人民共同富裕是中国式现代化的主要目标之一。共同富裕反映的是质与量的统一问题。共同富裕既立足"全体人民"，也追求"全面富裕"。在中国式现代化推进过程中，要始终牢牢把握这一内涵。党的十八大报告立足党情、国情、民情，对推进共同富裕作了定位，即把"逐步实现全体人民共同富裕"摆在更重要的位置，强调了人民的主体性；同时，指出"使发展成果更多更公平惠及全体人民"。共同富裕不是少数人的富裕，也不是整齐划一的平均主义。展开来说，一是强调富裕的广泛性，是全体人民的富裕，而不是少数人的富裕；二是强调富裕的全面性，不仅涉及物质富、精神富、生态富，还指向物质财富、精神财富与生态文明建设内部协调发展；三是强调富裕的长期性，在于不是整齐划一，而是差别有序，实现共同富裕的现代化道路是在动态过

程中推进的，强调阶段性目标与特定时期的社会生产力水平
相适应，进而实现阶段性与长期性的统一。总体来说，中国
式现代化进程中的共同富裕具有广泛性、全面性与长期性等
特点。

共同富裕不仅是中国特色社会主义的本质要求，也是中
国式现代化的核心要素之一。它蕴含着多方面的重要意义。
首先，共同富裕能够促进社会的稳定与和谐。在共同富裕的
进程中，人民群众能够共享改革发展成果，减少贫富差距和
社会不平等现象，从而增强社会的稳定性与和谐性。其次，
共同富裕对于推动经济社会发展也具有重要意义。共同富裕
能够促进经济的可持续发展，为社会提供更多的就业机会，
鼓励人们创业创新，从而推动社会的进步和发展。再次，共
同富裕能够提升国家的形象和信誉。通过共同富裕的实践，
可以树立中国作为一个和谐稳定的现代化国家的良好形象，
提高国家在国际上的声誉和影响力。此外，共同富裕也是实
现民族复兴的重要保障。只有让广大人民群众共同富裕，实
现社会的全面进步和长期稳定，才能真正实现中华民族伟大
复兴的目标。最后，共同富裕也是实现人民美好生活的必要
条件。通过共同富裕的实践，人民可以享受更好的教育、医
疗、住房、文化等福利，提高自身的生活质量和水平，自身
的幸福感、满足感不断增强。共同富裕是中国特色社会主义

发展的重要目标，是中国人民在新时代推进现代化建设、实现民族复兴、创造美好生活的必由之路。

一、共同富裕是中国式现代化的重要特征

在革命、建设和改革的历史实践之中，中国共产党人始终不忘为中国人民谋幸福，为中华民族谋复兴的初心与使命，对共同富裕的追求贯穿于中国式现代化形成和发展的始终。

（一）实现共同富裕顺应中国式现代化的历史趋势

中国共产党自成立以来，就始终带领着人民群众探索中国式现代化的新道路。正如习近平总书记在庆祝中国共产党成立100周年大会上明确指出的那样："中国共产党一经诞生，就把为中国人民谋幸福、为中华民族谋复兴确立为自己的初心使命。"中国共产党的领导具备探索中国式现代化道路所需的政治优势。中国共产党带领人民持之以恒地推进着人民群众迈向现代化的步伐，并坚定不移地追求共同富裕的目标。

在新民主主义革命时期，中国共产党重点解决农民土地问题，赢得了农民群众的支持和信任。1949年，党带领人

民成功推翻了"三座大山"的压迫，成立了中华人民共和国。这为实现共同富裕的目标提供了根本的政治条件。追求共同富裕的目标必须有与之相匹配的社会主义制度。因此，推进社会主义建设，为党带领全国各族人民实现共同富裕的目标提供了坚实的政治基础和物质保障。改革开放和社会主义现代化建设的新时期，中国共产党人找到了适合中国国情的共同富裕道路。人民生活水平得到了极大程度的改善，这是中国共产党在带领各族人民实现共同富裕道路上的重要一步。新时代，以习近平同志为核心的党中央始终坚持以人民为中心的发展理念，始终牢记初心和使命，推动着我国经济的高质量发展，赢得了脱贫攻坚的伟大胜利，带领全国各族人民实现了第一个百年奋斗目标，迈进了全国人民实现共同富裕的新阶段。

在中国式现代化道路上，中国共产党始终坚持以人民为中心，推动全面发展、协调发展、可持续发展。中国共产党一直把人民的利益放在首位，不断提高人民群众的福利和生活水平，加强教育、医疗、社保等公共服务，积极推进乡村振兴、脱贫攻坚等重大战略，不断为实现共同富裕目标奠定坚实的基础。同时，中国共产党坚持不断深化改革，优化经济结构，推动经济高质量发展，促进社会公平正义，加强社会主义市场经济建设，推进全球化，推动建设开放型世界经济，为构建人类命运共同体作出了重要贡献。

（二）实现共同富裕是中国式现代化的必然要求

马克思主义是对人类历史发展规律的科学总结，在这一正确世界观的指导之下我们才能科学地认识世界、改造世界。在革命、建设和改革的历史实践之中，中国共产党灵活地将马克思主义理论与中国社会发展的具体实际相结合，走出了一条中国式现代化的道路。党的十九大明确指出我国社会主要矛盾已发生改变。为适应这一矛盾变化，要将增进人民福祉、促进人的全面发展、朝着共同富裕方向稳步前进作为经济发展的出发点和落脚点。实现现代化进程与共同富裕应同步迈进。共同富裕为中国式现代化道路指明了前进方向，这条道路不仅汲取了世界各国现代化进程的经验，也独具中国社会发展的特色。中国式现代化道路是一条最终迈向中华民族伟大复兴的发展道路。最终，想要实现全体人民幸福生活必须依靠实现共同富裕这一必要手段，全面贯彻以人为本的发展理念，始终坚持将人民群众的利益放在首位。也就是说，在坚持中国式现代化新道路的过程中追求共同富裕是其逻辑必然。

（三）实现共同富裕是中国式现代化的现实目标

在中国式现代化的形成和发展过程中，中国共产党人坚持不懈地探索着实现共同富裕的现实路径。在新民主主义革命时期，中国共产党人在实现救国救民的奋斗目标的同时，提出了朴素的共同富裕思想，摆脱了近代以来中国积贫积弱的困境，构筑起实现共同富裕的政治、经济和思想文化基础。在社会主义革命和建设时期，党对社会主义建设有了更加深刻的认识，开始独立探索符合中国国情的社会主义建设道路，提出了农业、工业、国防和科技现代化，并初步构想了如何实现"四个现代化"。在改革开放和社会主义现代化建设新时期，党带领全国各族人民始终坚持走中国特色社会主义道路，立足于我国处于社会主义初级阶段的现实国情，将全面建成小康社会作为党要实现的第一个百年奋斗目标。在党的带领下，经过全国各族人民的努力奋斗，我们已经实现了这一目标，取得了脱贫攻坚任务的历史性胜利，基本解决了绝对贫困问题。这标志着追求共同富裕的步伐向前迈出了重要一步。在取得这一基本胜利的基础之上，党继续带领全国各族人民为实现第二个百年奋斗目标而不断努力。在党的十九大报告中，对追求共同富裕作出了更为具体明确的安排与部署，从2035年到本世纪中叶，要基本实现全体人民的共同富裕，建成社会主义现代化强国。只有实现共同富裕这一目标，中国共产党才能不断坚守初心与使命，展现社会主义制度的优越性，巩固党的执政基础，走向更加繁荣富强的未来。

（四）实现共同富裕是中国式现代化的价值追求

实现共同富裕是中国式现代化新道路的核心目标之一，同时也是中华优秀传统文化的价值追求之一。共同富裕既是经济层面的发展目标，更是社会公平与正义的实现，具有深刻的文化内涵。在实现共同富裕的过程中，中华优秀传统文化扮演着重要的角色。首先，中华优秀传统文化强调人文关怀和平等意识。从孔子提出的"仁爱之心"到庄子提出的"天地与我并生，万物与我为一"，中华优秀传统文化注重人与自然、人与人之间的和谐，追求人类共同福祉。在实现共同富裕的过程中，中华优秀传统文化鼓励人们关注弱势群体的利益，反对"一切向钱看"的思维，提倡平等的社会秩序。其次，中华优秀传统文化注重诚信和责任意识。在中国传统文化中，重视诚信、讲究信用的理念是深入人心的，而责任意识更是中华传统文化的精髓之一。责任意识不仅使人们遵循社会规范，做到承诺必兑现，而且也提醒着每一个人都要肩负起对社会和家庭的责任，推动社会稳定和共同富裕的实现。此外，中华优秀传统文化也强调团结协作精神。中

华传统文化注重人际关系和社会团结，追求协调共处。中国
的传统价值观中，讲究"和谐"的理念，提倡相互之间的合
作。在实现共同富裕的过程中，团结协作精神能够促进资源
的合理配置和社会稳定，加速实现共同富裕的目标。因此，
实现共同富裕彰显了中国式现代化具有深厚的中华优秀传统
文化底蕴。中国共产党在推进现代化建设的过程中，注重传
承和弘扬中华优秀传统文化，倡导诚信、责任、团结和平
等的价值观念，这些都是中华文化传承的重要方面，也是实
现共同富裕的目的所在。另一方面，中国传统文化中也强调
"天下为公"，追求社会公正和人民幸福。例如，孔子在《论
语》中强调"己所不欲，勿施于人"，提倡人际关系中的互
惠互利和公平正义；而道家哲学中的"天人合一"，强调人
与自然的和谐共生，对构建人与自然和谐的绿色生态文明具
有深刻启示。这些传统文化中的价值观念，与实现共同富裕
所追求的公平正义和可持续发展的目标相契合。

中国的传统文化中也注重人的全面发展，主张"君子务
本、本立而道生"，认为修身齐家、治国平天下应该从人的
本质和内心出发。这与实现共同富裕所倡导的人的全面发
展、人的尊严和价值的实现紧密相连。因此，实现共同富裕
不仅是中国式现代化道路的历史逻辑和理论逻辑，更是与中
华优秀传统文化紧密相关的文化逻辑。在走中国特色社会主

义道路的过程中，我们要不断挖掘传统文化中具有现实意义的精髓，加强中华文化的传承和创新，弘扬中华文明，为实现全面建设社会主义现代化国家、实现共同富裕的宏伟目标提供深刻的文化支撑。

二、中国式现代化是实现共同富裕的重要保障

中国式现代化是中国共产党领导全国各族人民不断探索出来的一条符合中国国情的全新发展道路。中国共产党在其中起着核心领导力量的重要作用。在实现全体人民共同富裕的过程中，基本经济制度为这条道路提供了现实支撑，物质财富与精神财富的双重积累为这条道路打下了坚实基础。

（一）中国式现代化保障了实现共同富裕的价值理念

中国式现代化始终坚持以人民为中心，而实现共同富裕则是这一价值理念的重要体现。为此，中国的现代化建设不仅仅是经济发展的追求，更是一个全方位、全过程、全覆盖的现代化进程。在这一进程中，党始终把人民群众的利益和幸福作为衡量现代化成果的标准，以确保各个社会群体都能够分享现代化带来的红利。这一价值理念的贯彻落实，为推进共同富裕提供了坚实的制度保障。

为了实现共同富裕的目标，我国政府采取一系列政策措施，如加大扶贫力度、提高收入水平、促进教育公平、改善医疗卫生服务、推进城乡一体化发展。这些措施旨在保障每个人的基本生活需求和发展权益，让更多人从中国现代化建设中受益。中国政府积极营造公平竞争的市场环境，加强社会保障和公共服务体系的建设，推进基本公共服务均等化，从而缩小贫富差距，促进社会和谐发展。中国大力培育创新精神，推进科技创新和科技进步，提升经济发展的质量和效益，为实现共同富裕打下坚实的基础。中国积极发挥国际合作的作用，加强与其他国家和地区的交流合作，互通有无，共享发展成果。

在改革开放和社会主义现代化建设新时期，中国共产党始终以人民群众的根本利益为工作的出发点和落脚点，积极发挥群众力量。只有坚持以人民为中心的价值理念，才能确保中国式现代化沿着正确的方向发展，为实现人民的共同富裕提供正确的价值引领。

（二）中国式现代化保障了领导共同富裕的政治力量

中国共产党的领导地位是历史和人民的选择，它为追求共同富裕提供了坚定的领导保障。在新中国成立后，党提出要解决人民的温饱问题，并在改革开放后提出建设小康社会的新目标。在庆祝中国共产党成立100周年大会上，习近平总书记宣布："实现了人民生活从温饱不足到总体小康、奔向全面小康的历史性跨越。"在实现共同富裕的过程中，党坚持初心和使命，保障中央的权威和集中统一领导，为推进共同富裕提供正确的方向指引，确保共同富裕分阶段如期实现。

习近平总书记强调："坚决维护党中央权威和集中统一领导，把党的领导落实到党和国家事业各领域各方面各环节。"历史和实践都告诉我们，在国家治理过程中会面临各种未知的挑战和压力，必须坚持党的集中统一领导。

只有从人民群众的根本利益出发，中国共产党才能凝聚起对共同富裕的最大共识，促使广大人民群众积极主动投身于追求共同富裕的事业之中。这样，才能够为社会主义现代化建设贡献力量与智慧，推动实现中华民族伟大复兴的中国梦。

（三）中国式现代化保障了实现共同富裕的基本经济制度

党的十九届四中全会提出，坚持和完善公有制为主体、多种所有制经济共同发展，按劳分配为主体、多种分配方式并存，社会主义市场经济体制等社会主义基本经济制度。

这是党根据我国当前的社会主义初级阶段基本国情作出的科学判断。从根本上讲，我国是一个社会主义国家，必须坚持公有制为主体的基本经济制度。同时，作为当前世界上最大的发展中国家，我们必须通过各种途径发展生产力，充分积累社会财富，鼓励、支持和引导各种非公有制经济共同发展，调动各种所有制主体参与社会主义建设。马克思主义政治经济学认为，一个社会的所有制结构对分配结构起着决定作用。在公有制领域范围内实行按劳分配，在非公有制领域范围内按劳动要素进行分配，既保证了劳动人民的基本所得，又保证了各要素生产者积极参与社会生产。社会主义市场经济体制是党在中国式现代化道路中的重要实践，既坚持了社会主义的正确方向，又充分利用了市场经济的基本手段。社会主义经济制度是实现共同富裕的重要保障。此外，按劳分配为主体、多种分配方式并存的分配制度，为劳动者共享发展成果提供保障，进一步促进了共同富裕的实现。

（四）中国式现代化保障了实现共同富裕的物质财富与精神财富

中国式现代化的核心是坚持以人民为中心的发展思想，秉持创新、协调、绿色、开放、共享的新发展理念，既注重经济发展的硬实力，又关注人民群众的软实力，既追求物质财富的增长，又注重精神财富的提升。因此，中国式现代化为实现共同富裕提供了坚实的物质保障和精神保障。从物质财富的角度来看，中国式现代化不仅致力于推动经济高质量发展，提高人民生活水平，还着力解决发展不平衡不充分问题，加快推进贫困地区和贫困人口脱贫攻坚；此外，注重改善公共服务，促进城乡一体化发展，推进全民健康、全民教育等工作。从精神财富的角度来看，中国式现代化注重提升人民群众的文化素养，弘扬中华优秀传统文化，推动中西文化交流，塑造新时代中国特色社会主义先进文化，建设文化强国。同时，中国式现代化也注重社会公正，推进社会治理创新，维护社会和谐稳定。可以说，中国式现代化不仅注重实现经济的快速发展，更注重在实现共同富裕的过程中保障人民的物质需求和精神需求，为实现中华民族的伟大复兴提供了坚实的基础和保障。

在中国式现代化道路上，解放和发展生产力是实现社会财富充分涌流的关键途径。我们所追求的现代化，不是某一方面的现代化，而是在政治、经济、文化和社会等各方面的综合现代化。从根本上来说，现代化的目的是解决发展问题。其中，工业、农业、国防和科技这"四个现代化"目标，归根到底都与经济发展紧密相连。因此，针对我国当前的发展现状，应着重关注经济发展问题，充分发挥解放和发

展生产力的作用。只有不断提高生产力水平，才能实现物质
财富的快速增长，提高人民群众的生活水平，增强人民的幸
福感；同时，也要高度重视精神财富，提高全民素质，推动
中国特色社会主义事业全面发展。

在新时代，我们深刻认识到推进信息化、科技化和工业
化对于实现中国经济高质量发展的重要性。然而，我们也不
能忽视农村地区的发展问题。实施乡村振兴战略是解决"三
农"问题的关键手段，我们必须继续加大乡村振兴的力度，
不断完善基层乡村治理体系，推动农业、农村、农民的现代
化。当前，我们已经取得了脱贫攻坚的胜利，制定了乡村振
兴战略，以推动农民增收为核心，避免农村再次陷入贫困。
我们必须在巩固脱贫攻坚成果的基础上，继续推进乡村振兴
政策的实施，加大农村在人才培养、产业发展、文化建设等
方面的力度，提高广大农民的生活质量，建设农民幸福生活
的美丽家园。

乡村振兴不仅是促进农民增收的高效之路，更是在新时
代背景下实现共同富裕的必由之路。因此，我们还必须不断
激发科技创新活力，为中国经济高质量发展提供充足的活力
保障；必须不断推进现代化发展的步伐，为实现全体人民的
共同富裕提供充足的物质财富和精神财富。只有在这样的基
础上，我们才能实现中国式现代化的目标，让社会财富充分

涌流，实现全体人民的共同富裕。

三、推进中国式现代化，实现共同富裕多元化机制

在建设社会主义现代化国家的新征程中，我们必须紧密贴合新的发展阶段和现实背景，贯彻新发展理念，以高质量发展为导向，这是中国式现代化不断向前迈进所需要的价值指引。在这一理念的指导下，我们应当不断完善共同富裕的实现机制，以建设中国特色社会主义现代化强国为目标，全面深化改革、扩大开放，加快推进创新驱动发展，提高供给质量和效率，推进生态文明建设，加强社会建设，打造现代化经济体系和现代化国家治理体系。

（一）优化经济发展机制，实现经济高质量发展

共同富裕的实现需要充足的社会财富，因此，实现共同富裕的目标必须遵循新发展理念的指引，推动高质量发展。创新是实现社会经济发展的强大动力，在科技已成为国际竞争重要因素的背景下，我国经济应逐步转向创新驱动的发展模式。这就需要推动新技术和新产业发展，充分发挥消费、投资和出口的作用。为实现共同富裕目标，还需要协调城乡和地区之间的发展，缩小差距。通过制定系

统的政策，解决区域间在收入分配、教育资源和基础设施
等方面的差异，是实现协调发展的重要手段。

共同富裕不仅需要建立在社会财富充足的基础上，还需
要制定长远的目标。过去经济的高速发展多是以资源高消
耗、生态被破坏为代价的。要实现可持续发展、协调发展，
必须贯彻"绿水青山就是金山银山"的发展理念，通过全社
会的努力，形成绿色低碳环保的共识；同时，还要实施开放
发展，统筹国内与国际两个市场、两种资源。当前，为应对
国际社会不稳定性明显增强这一趋势，必须构建新的发展格
局，在实施高水平对外开放的过程中，推动中国经济实现高
质量发展。例如，选择适当地区建立贸易区，构建对外贸易
的营商环境，以"一带一路"建设为核心，加强与周边各国
之间的合作交流，为实现共同富裕提供更为充足的国际资
源。在推进经济发展的同时，要贯彻绿色发展理念，实现人
与自然和谐发展。最后，在共享理念的指引下，合理解决低
收入人群在就业、医疗、教育等方面的现实困难。

（二）优化社会保障制度，完善基础保障机制

追求共同富裕既要"做大蛋糕"，也要"分好蛋糕"。
"做大蛋糕"的关键在于解放和发展生产力，采取全面发展、
协调发展、可持续发展的发展战略，促进各个领域的发展，

发展生产力和提高生产效率，提高国民经济整体水平。"分好蛋糕"的关键在于科学合理的分配制度的形成。这需要建立起一套公平、公正、透明、可操作的分配制度，既要考虑效率，又要兼顾公平。科学合理的分配制度必须建立在正确处理效率与公平的基础之上，既要保证社会资源高效配置，又要解决收入分配差距过大的问题。这需要采取多种方式来实现，如税收政策政策、增加社会福利、就业机会。

中国式现代化追求的共同富裕应该统筹效率与公平。要在效率与公平之间实现平衡，使得效率和公平互为支撑，互相促进，让全体人民受益。在此基础上，还需要充分发挥初次分配具有的独特优势，通过工资、利润等分配方式，提高居民收入水平，让他们分享经济增长的成果。同时，也需要重视再次分配与第三次分配的重要作用。再次分配中，要通过税收、转移支付等措施实现收入再分配，让社会公平得到体现。在第三次分配中，要加强社会保障和民生事业建设，让全体人民共享国家发展成果。

首先，要优化和升级初次分配格局。正确处理劳动、技术、土地等要素在初次分配中的关系，是实现收入合理分配的关键。要通过建立劳动保护机制和最低工资制度等手段，从最大程度上保护劳动者权益，发挥市场在资源配置中的决定作用，调动各要素主体的生产积极性，从效率和公平的角度出发，缩小收入差距。

其次，要通过税收、转移支付和社会保障等手段不断加强再分配调节力度。在税收制度方面，需要完善个人所得税制度，缩小收入差距，促进社会公平。在转移支付方面，中央和省级政府应合理规划和统筹转移支付资金，加强重点区域的转移支付能力。在社会保障方面，要加快实施城乡一体化的社会保障制度，缩小城乡差距。

最后，要致力于完善第三次分配体制机制。除了依靠税收、转移支付和社会保障等手段外，发展社会公益事业，并完善相关制度体系，以发挥其在共同富裕中的重要作用。党的十九届四中全会明确指出，重视发挥第三次分配的作用，发挥慈善等社会公益事业作用。这表明党和政府高度重视第三次分配，希望社会公益事业能够发挥更大的作用，如为贫困群体提供帮助和支持，从而推动实现共同富裕。

在完善第三次分配体制机制方面，可以进一步加强慈善组织的培育和发展，提升其规范化和专业化水平；加强慈善事业的监管和管理，确保慈善资金的有效使用和公正分配；加大对慈善事业的政策支持和倡导力度，鼓励更多社会力量参与其中，共同为实现共同富裕贡献力量。

（三）凝聚人民力量，培育实现共同富裕的内生动力机制

总体上，实现共同富裕的机制可以分为内在和外在两大类。具体而言，外在机制种类繁多，但都可归纳为制度规划与政策体系。而内在机制是追求共同富裕所需的内生动力。追求共同富裕是一个漫长而又艰难的过程，需要内在机制和外在机制双向发力。仅依靠外在制度规划与政策体系是无法实现共同富裕目标的，因此我们应该立足于人民群众整体素质特点，培育实现共同富裕的内生动力机制。

实现共同富裕需要外在机制的有力支撑。这些机制的作用主要是优化分配格局，提高居民收入份额，解决劳动和资本之间的矛盾，加强再分配调节力度等。但是，这些机制只是实现共同富裕的手段，不能单独发挥作用。实现共同富裕的内在机制是指培育人民群众内在的共同富裕动力，包括增强人民群众的发展意识、提高人民群众的素质、激发人民群众的积极性等。这些内在机制是实现共同富裕的重要基础，对于长期推动共同富裕进程具有不可或缺的作用。因此，实现共同富裕的内在机制和外在机制缺一不可。只有通过外在机制的不断优化和内在机制的不断培育，才能实现人民共同富裕的目标。

实现共同富裕仅仅依靠外在机制或内在机制是不够的，

需要外在机制和内在机制共同发力，相互协作。内在机制的培育，具体举措包括：加强教育和培训，提高人民群众的知识和技能水平，促进自我发展和激发创造力；增强公民道德意识和法律意识，鼓励勤劳、诚实、守信等优秀品德，树立共同富裕理念，形成社会共识；建立健全社会保障制度，降低社会风险和不确定性，增强人民群众的社会保障感和获得感，等等。外在机制的优化，具体举措包括：完善税收制度、加强财政调控和再分配、提高收入分配的公平性、减少贫富差距，等等。优化社会保障政策，提高社会保障覆盖面和保障水平，缩小收入分配差距，建立更加开放的市场经济体制，鼓励创新和创业，提高经济效益，增加就业机会，增加人民收入等，归根到底旨在提高人民的整体素质和能力，促进公平和稳定，增强人民群众的获得感、满足感。在这个过程中，内在机制和外在机制是相辅相成的，它们共同推动了共同富裕的实现。

（四）改善民生机制，建立健全民生保障机制

中国共产党始终致力于解决人民生存和发展问题。经过长期的努力，党领导全国人民在2021年实现了脱贫攻坚的伟大胜利，并基本实现了全面建成小康社会的阶段性目标。中国共产党以人民为中心，围绕实现公共服务现代化的目

标，推进民生建设。

具体来说，推进民生建设包括加大投入力度，完善基础设施建设，推进教育、医疗、文化等领域的改革与发展，提高社会保障水平，扩大就业机会，加强生态保护等一系列举措。此外，注重发挥市场机制在民生领域中的作用，推进改革开放，加强国际合作等，为实现共同富裕提供了坚实的制度保障和政策支持。

公共服务建设不仅是民生建设的核心内容，也是推动社会发展的现实基础。然而，当前在公共服务领域仍存在着供给不平衡、供给质量不高等问题。为了解决这些问题，需要立足于主体多元化和信息化的趋势，不断吸引民间资本的加入，逐步建立起财政支持为主、社会力量协同的公共服务产品生产体系。值得一提的是，重大工程也可以成为实现民生事业的发展升级的载体。

随着现代工业和市场经济的不断发展，社会保障制度应运而生，并对人民群众的基本生活起到了保障作用。因此，需要在总体规划上对社会保障进行合理设计，调整升级社会保障体制、加大人才培养、鼓励实践创新，不断推动社会保障体系的成熟发展。

第三章

作为中国式现代化本质
要求的共同富裕

党的二十大报告中，习近平总书记对"共同富裕是中国特色社会主义的本质要求"这一重要命题作出深刻阐释。中国式现代化的本质要求是实现共同富裕。

在中国式现代化的理念中，现代化不仅仅是经济的繁荣和发展，还包括了人的全面发展、社会进步和文化繁荣等方面。共同富裕强调不断增加社会财富总量，保障全体人民享有基本公共服务和发展权利，缩小贫富差距，促进经济社会协调发展和人的全面发展。这一要求体现了中国共产党始终坚持以人民为中心的思想，旨在实现人民对美好生活的向往和期盼。

在实现共同富裕的过程中，中国必须解决区域发展差距大、基本公共服务发展不均衡、社会保障体系还不健全等问题。中国政府通过推进扶贫、医疗、教育等方面的一系列政策，逐步实现了全面建成小康社会的目标，为全体人民提供了更好的生活条件和更广阔的发展机会。在未来，中国还将继续推进共同富裕的道路，坚持人民至上的理念，不断优化调整经济结构，提高社会公共服务水平，加强社会保障体系建设，不断缩小城乡、区域差距，实现全面、协调、可持续的发展，让全体人民共享现代化发展成果，实现更加美好的生活。共同富裕是中国式现代化的本质要求之一，是在中国特色社会主义道路上走向现代化的必要条件。

共同富裕作为中国式现代化的重要特征，体现在理论、历史、实践与文化四个逻辑维度。它是中国共产党带领全国各族人民群众经过百年探索走出的一条适合中国国情的现代化发展道路。在中国式现代化道路中，共同富裕是党在新发展阶段所要实现的重要目标。共同富裕不仅体现了社会主义本质要求，更是人类社会发展的重要课题。共同富裕的实现需要从核心价值、领导力、基本经济制度、物质财富与精神财富等多方面加以保障和落实。

在建设社会主义现代化国家进程中，实现共同富裕的目标还需要在夯实物质基础、发挥制度优势、汇聚群众力量、改善人民生活等多方面努力。在夯实物质基础方面，需要加强基础设施建设，推进生产力和生产关系的协调发展，提高科技创新和人才培养水平。在发挥制度优势方面，需要加强法治建设，保障公平竞争和社会公正，完善制度和政策体系，推进城乡融合发展和资源优化配置。在汇聚群众力量方面，需要发挥人民群众的主体作用，加强民主参与和社会调节，促进公共文化建设和多元文化交流。在改善人民生活方面，需要提高民生保障水平，加强医疗、教育、养老等公共服务建设，推进住房保障和城乡社会保险制度建设等。

共同富裕是中国式现代化的本质要求，也是中国共产党在新发展阶段建设社会主义现代化国家进程中所要实现的重要目标。共同富裕强调人民群众共同享有发展成果、共同分享社会财富、实现贫困人口脱贫致富、社会阶层之间实现公平公正等多个方面。

首先，共同富裕是实现社会稳定和谐的必要条件。在中国特色社会主义道路上，共同富裕被视为一个具有战略意义的目标，其核心是在发展中让广大人民群众共享改革和发展的成果，消除贫富差距和社会不平等现象。这样做不仅能够提高人民群众的获得感、幸福感和安全感，同时还能够增强社会的稳定和谐。因为贫富差距过大和社会不平等现象的存在常常会引发一系列社会问题，例如犯罪、社会动荡。而共同富裕的实现则能够有效缓解这些问题，让社会更加和谐稳定，为国家的持续发展提供坚实的社会基础和保障。因此，在中国式现代化的进程中，共同富裕始终被视为一个必须要实现的目标，需要全社会共同努力，通过实现经济、政治、文化等方面的协调发展来不断推进。共同富裕能够促进经济的可持续发展和社会的全面进步，为社会提供更多的就业机会，促进人们的创业创新。

其次，共同富裕是提升国家形象和信誉的重要途径。在全球化的今天，国际社会对于一个国家的形象和信誉越来越看重，而共同富裕正是彰显中国特色社会主义的独特标志之一。共同富裕的实践不仅让广大人民群众共享改革和发展成果，减少贫富差距和社会不平等现象，更能展示中国作为一个负责任的国家，为全球社会主义事业作出的贡献。

再次，共同富裕作为实现中华民族伟大复兴的重要保障，不仅能够让广大人民群众共同分享发展成果，提高生活水平，更能够增强民族凝聚力。实现共同富裕，需要坚持"人民是历史的创造者"这一基本思想，充分发挥人民群众的积极性、主动性和创造性，促进社会公平正义，加强社会服务体系建设，推动公共资源配置优化，实现经济增长、社会进步、人民幸福的有机统一。只有实现共同富裕，才能实现中华民族伟大复兴的目标。同时，共同富裕也需要加强全球合作，积极参与国际经济合作，推动全球经济繁荣发展，为构建人类命运共同体作出更大的贡献。

最后，共同富裕是实现人民美好生活的必要条件。它是一种理念，旨在促进全社会的共同进步和发展，让人民群众共享国家发展的成果，改善生活水平，拥有更加美好的生活。共同富裕不仅仅是一个简单的经济问题，更是关系到人们的物质需求和精神需求。只有让人民群众共同富裕，才能真正实现人民对美好生活的向往。同时，共同富裕也是一个长期的过程，需要全社会的共同努力，政府、企业和个人都应该积极参与其中，为实现共同富裕的目标贡献力量。

一、共同富裕的理论追索

按照马克思、恩格斯的构想，未来共产主义社会的"生产将以所有人富裕为目的"和"所有人共同享受大家创造出来的福利"。新中国成立不久，毛泽东就展望了共同富裕的前景，并指出，这个富是共同的富，这个强是共同的强，大家都有份。改革开放后，邓小平更加关注共同富裕的问题。1992年他在视察南方期间的重要谈话中明确指出，社会主义的本质是解放生产力，发展生产力，消灭剥削，消除两极分化，最终达到共同富裕。这一重要论述将人们对社会主义与共同富裕的认识提升到了新的高度。进入新时代，习近平总书记强调，消除贫困、改善民生、逐步实现共同富裕，是社会主义的本质要求。可以看出，中国的现代化建设致力于实现全体中国人民的共同富裕。实现共同富裕，不仅有"主义"之由，更有现实之需。现在，我们正在向第二个百年奋斗目标迈进，我国社会主要矛盾已转变为人民日益增长的美好生活需要和不平衡不充分的发展之间的矛盾。面对地区差距、城乡差距、收入差距等问题，必须把促进全体人民共同富裕作为现代化建设的着力点。不仅要关注到如何"富裕"的问题，还要特别注意解决如何实现"共同"的问题。只有扎实地朝着全体人民共同富裕的方向迈进，社会主义制度的优越性才会更加显现，生产力的解放和发展才会更有成效。

西方福利制度是建立在资本主义私有制之上的，以资本利益为导向，不可避免地会产生多重矛盾。这些矛盾包括资本主义私有制与福利社会化之间的矛盾、福利政策的普惠性与政治功利化之间的矛盾，以及政府承诺高福利与福利能力之间的矛盾。相比之下，中国的共同富裕政策更具优势。共同富裕包含全体人民共同奋斗、逐步实现发展成果全面共享的多维内容，内涵丰富。实现共同富裕有多方面的支撑和坚实基础。中国已经进入了扎实推进共同富裕的发展阶段。在推进共同富裕的过程中，必须坚持人民的中心地位，实现全民富裕；统筹物质生活和精神生活，追求全面富裕；构建多主体发展体系，实现共建富裕。要把握共同富裕的阶段性，坚持渐进富裕的思路。与西方福利制度相比，中国的共同富裕政策强调整个社会的共同富裕，而不是只关注弱势群体的福利。共同富裕也是一个包含多个方面的综合性概念，旨在让整个社会都能够共享发展成果。另外，共同富裕也更强调发展的可持续性，旨在保证全体人民能够持续地享受更好的生活，而不是仅仅依赖政府提供的福利。

与西方福利制度相比，作为中国式现代化本质要求的共同富裕，更注重在经济发展的同时，通过提高全民生活水平、缩小收入差距等措施，来实现社会公正和人民幸福；

更注重集体权利和利益，追求全体人民的共同福利和利益，强调全体人民的福利与利益是社会和国家发展的根本目标；更注重全面发展、可持续发展，强调经济和社会的协调发展。

实现全体人民的共同富裕是社会主义的本质要求，也是中国共产党不懈追求的理想目标。社会主义和资本主义基于不同的制度属性、政治模式和价值观念等，在为谁发展、靠谁发展和如何发展等问题上的政策理念表现出不同的价值取向。西方福利制度是资本主义缓解内在矛盾以维持自身运行的工具，资本主义的腐朽性、资本的逐利性等决定了西方福利制度并不能达到其设想的结果，反而存在着多重矛盾。中国共产党始终坚持为民谋利的价值立场，将实现人民群众的共同富裕作为重要使命，赋予共同富裕政策以巨大优势，实现了全面建成小康社会的伟大成就，进而带领全体人民向共同富裕的目标前进。

二、共同富裕的实践追求

哈贝马斯曾指出西方资本主义福利国家制度是"这样一种局面，在这种局面下，一种依然还从劳动社会乌托邦汲取营养的社会福利国家纲领，正在失去为集体规划美好生活和美好未来的力量"。从马克思主义的基本立场来讲，资本主义福利国家不可能成为劳动者的福利国家，无论其采取什么样的制度形式，在本质上都是维护资产阶级利益的国家，保证广大劳动者获得真正的福利和完全满足他们实际需要的目的同资本主义的经济结构是相悖的。实际上，资本主义福利国家在全球化的大背景之下，面临劳资冲突恶化、难民危机深重等重重矛盾，国家政策陷入了系统的和不可超越的危机之中，不可能再假定国家可以成功地维持资本积累的过程，或再承受这一过程所产生的矛盾。在资本主义现代化过程中产生的福利国家的现代性问题积重难返，资本主义的内在危机在这一制度范畴之内既不能调和也不能解决。在这一背景之下，我们再度思考社会主义与资本主义的关系就会发现，只有中国特色社会主义才能够形成和资本的力量进行博弈的现实机制和现实力量，只有与资本逻辑并不同质的中国人的生活方式以及隐含在其中的文化才可能展开这样一种博弈，最终超越资本主义范畴，在世界历史意义之上真正实现人民的幸福与美好生活，真正兼顾效率与公平，真正实现正义与关怀。而共同富裕是实现社会主义现代化的重要一环，是中国式现代化的鲜明特征。实现共同富裕要始终坚持党的领导，坚守为民初心，贯彻新发展理念，做到物质文明和精神文明两手抓，客观条件和主观体验相并重，集中力量解决发展不平衡不充分问题，处理好效率和公平、速度和质量的关系，以高质量发展创造高品质富裕生活。

共同富裕的实现可以促进人的自由全面发展，这是人类文明的最高价值目标之一。共同富裕通过"所有人共同享受大家创造出来的福利"，可以实现财富的公平分配和社会公正，同时推动社会各方面的发展，进而推动人的自由全面发展。这种价值目标的实现，体现了制度安排与人类社会形态价值属性的有机结合，是制度性与价值性的统一。共同富裕作为社会主义的本质要求和中国式现代化的重要特征，具有坚实的基础和丰富的内涵。同时，共同富裕的实现也得到了多方面的支撑，如坚持人民的中心地位、构建多主体发展体系。共同富裕超越了西方福利制度的工具性和阶段性等弊端，成为中国特色社会主义制度的一大亮点。

共同富裕摒弃了福利制度与资本主义的矛盾本性，体现了社会主义的本质特征。财富分配原则在共同富裕中具有浓厚的社会主义色彩，体现了社会主义制度对资本主义制度的超越。这种超越主要表现为资本的追逐利润与福利支出的非生产性矛盾，以及福利制度对公平环境的建立与资本主义私有制对平等的侵蚀之间的矛盾。相比之下，福利制度并不是资本主义发展的自觉要求。追求共同富裕是中华民族的永恒价值追求。我们推动经济社会发展，归根结底是要实现全体人民共同富裕。共同富裕跳脱了资本主义和私有制的束缚，实现了与社会主义形态的完美契合。我们党将共同富裕视为社会主义的本质要求，赋予了共同富裕文明新形态属性和制度合理性，展现了社会主义的价值内核和共同富裕的价值本性的内在契合。共同富裕不仅仅是一种制度性安排，更是一种价值性追求。它旨在通过公平的机会和公正的财富分配，让所有人共同分享社会发展的成果，实现人的自由全面发展和社会的和谐稳定。在共同富裕的实现过程中，需要我们持续推进人民的中心地位，不断改进福利制度的政策设计和实施，促进经济和社会的共同发展。

共同富裕否定了福利制度对资本主义危机修饰和掩盖的工具性，是社会主义优越性的体现。尽管现代福利制度最早在资本主义社会兴起，被标榜为资本主义文明的标志，但福利制度本质上是对资本主义危机的回应，是资本主义本身沾染的血和肮脏的东西的掩饰物。福利制度服务于资本增殖和资产阶级统治，无法改变资本和资本主义社会的腐朽落后本质。共同富裕的"富裕"要求生产力快速发展"做大蛋糕"，"共同"体现生产关系回归理性以"分好蛋糕"。邓小平曾指出，社会主义最大的优越性就是共同富裕。共同富裕只能在社会主义及其更高级形态中实现，社会主义必然要求全体人民共同富裕，二者是相互成全的逻辑关系。共同富裕摒弃了福利制度与资本主义的矛盾本性，不是社会主义的美丽外衣，是社会主义本质的反映，是其优越性的内在塑造和体现。在共同富裕的实践中，我们需要不断探索新的制度和政策，构建符合中国国情的共同富裕的路径和模式。

共同富裕不仅是现代化建设的一个目标，更是其核心要义。它的实现必须超越福利制度的过渡性特征，成为中国式现代化的重要维度。福利制度与资本主义之间的矛盾和冲突，决定了福利制度不可能长期存在于资本主义社会中。而共同富裕则是中国式现代化建设的主要目标之一，它不仅仅是民族复兴的长远目标，更是现代化建设的现实任务。只有通过共同富裕的实现，才能保证中国人民能够共享改革发展的成果。共同富裕与我国现代化建设历程的有机融合，是中国式现代化不可替代的实现路径和价值标准。因此，我们必须认识到，共同富裕不仅是一个目标，更是一个过程和实践，需要我们通过改革开放和创新发展等方式来推动。

三、共同富裕的实现路径

资本主义生产关系的异化是指生产资料和劳动力被资本家所垄断，导致少数人拥有了生产资料和财富，而多数人则沦为无产者，被迫出卖自己的劳动力来维持生计。这种生产关系的异化不仅使少数人的富裕建立在多数人的贫困之上，还加剧了人与人之间的金钱交换关系，导致彼此对立和隔阂。生产关系异化的"现代文明社会"强调对物质利益的追求，而忽视了人的全面发展。

西方福利制度是为了缓解生产关系的异化和改善社会不平等而进行的初步尝试。然而，其所强调的物质福利远远超过了精神层面的需求，过度强调资本和政治权力，却忽略了民众的权益和自由。这种制度的发展结局并不尽如人意。共同富裕适应并优化了社会主义生产关系，其实现需要建立在以人民为中心的价值导向、人的相互依赖和自由全面发展的基础之上。共同富裕旨在实现全体人民共同奋斗、共同发展和共享成果，其实现具有高度的合理性和生命力，这也是中国特色社会主义的一个重要组成部分。

坚持全民共享是实现共同富裕的基础。西方福利制度所谓的"人民福利"实质上未能消除社会的不平等，反而导致新的差异和分层。一方面，西方的社会福利加剧了资本对社会的占有和投资，以增加群众消费需求来促进资本积累，这种以资本增殖为中心的发展导向仍然巩固原有的阶级分层，延续了资本主义贫富分化的趋势；另一方面，西方的福利分配有赖于以垄断寡头为中心的选择性，进一步滋生了新的不平等分层。以美国为例，历次税改使财富更加向富人集中，一些垄断公司纳税减少甚至能享受退税政策，而福利资金的压力则被转嫁到中下层群众身上，造成了群众所享权利和福利收益的不平衡。这样的福利制度无法阻止垄断阶级的利己主义倾向。

共同富裕是全体人民群众的富裕，"共同富裕路上，一个也不能掉队"。坚持以人民为中心是共同富裕与西方福利制度的本质区别。共同富裕的人民性决定了"共同"主体层面内含的全面性和权利的无差别性，从而优化了社会利益结构，实现了共同富裕的公平趋向，并且符合社会主义的正义取向。

"坚持全面共享"这一理念，是为了让人民在物质和精神上都能够获得充分的发展，避免资本主义制度导致的自我异化和对物质需求的过度强调，以及福利制度成为意识形态工具的问题。资本主义制度强调竞争和个人主义，忽视了人与人之间的合作和共享，因此导致了人的自我异化，失去了对社会的批判和超越的能力。同时，过度追求物质需求也会导致精神生活的压抑。福利制度在西方国家的实施中，也受到了资本权力的影响，成为了维持统治阶级地位的手段，忽视了人精神生活的丰富性，限制了人的自由和全面发展。

"共同富裕"这一理念则是为了让人们在发展机会、享有权利等方面都能够公平地获得，从而使生活更加幸福美好。这种理念强调了人与人之间的协作和合作，摒弃了片面和有限的福利享受，避免了福利制度发展中出现的社会撕裂、政治立场极化和民粹主义泛滥等弊病。

（一）共建共享

实现共同富裕是全体人民的共同责任，需要通过共建共享的方式实现。一方面，共同富裕依赖于中华民族守望相助、扶危济贫的民族精神和社会主义核心价值观、集体主义精神，构建全体人民共同参与的共同富裕主体体系。在这种体系中，人们超越了利益交换关系，通过相互依赖关系实现了发展成果的全民共享；另一方面，共同富裕倡导幸福源于奋斗的价值理念，将人民对美好生活向往转化为改变命运的决心和干劲，从而增强了经济社会发展的活力，奠定了共同富裕的力量基础。

坚持渐进共享是确保社会保障水平可持续性和合理性的关键，同时也是保证社会福利同经济发展保持均衡的必要条件。西方福利制度曾一度辉煌，但最终却陷入了危机与改革循环往复的宿命。因此，共同富裕必须着力寻找共享发展与经济承受力的平衡点，坚持共富的适度性和发展的渐进性相结合。共同富裕的渐进共享模式不是一种简单的福利分配方式，而是一个全面而复杂的发展路径。它强调经济发展与社会福利的良性循环，推动生产力水平与社会保障水平同步提高，实现共同富裕的动态性、持续性和稳定性。共同富裕认为，共享发展必须经过一个从低级到高级、从不均衡到均衡的过程，即使达到很高的水平也会有差别。这是因为不同地区、不同行业、不同人群之间的富裕水平存在差异，需要在发展生产力的基础上，通过不断提高社会保障水平，逐步实现共同富裕。在这个过程中，共同富裕既不走类似高福利的平均主义和"劫富济贫"式的发展模式，也不走福利制度急于求成的发展路径。为了确保社会保障水平的动态性、可控性和弹性化，共同富裕需要在实践中不断优化福利制度的结构和运行机制，尤其是在面对不同阶段和不同需求的时候，需要采取灵活的应对策略，使福利制度更加适应经济发展和社会变化的需要。这也是共同富裕坚持渐进共享的核心理念。

（二）坚持以公有制为主体、多种所有制经济共同发展的基本经济制度

以公有制为主体、多种所有制经济共同发展的基本经济制度奠定了实现共同富裕的制度保障。相比之下，资本主义私有制无法避免资本无序扩张对福利资金的侵蚀，导致福利配置的失衡。同时，国家公共财政积累不足，难以弥补福利

短板，国家财政对福利的再分配效能也受到限制。从国家层面上看，我国的基本经济制度有利于国有资本的保值增值，从而维持国家财政的稳定和货币政策的效力。以此为基础，还可以推动公共道德的形成，建立起国家财政能力、政府治理效能和社会道德规范力相统一的财富分配力量体系。在城乡格局方面，共同富裕最大的短板在于农村。农村集体经济是农村发展的重要源泉，新型农村集体经济的发展可以推动其与国家财政再分配功能的互补，同时也可以协调农村集体资产和国家社会保障资金的配合，增强城乡发展的协调性。在实现共同富裕的过程中，必须重视农村地区的发展，促进新型农村集体经济的发展，建立起适合农村特点的公共服务和社会保障体系，加强农村和城市的互动和交流，以实现城乡一体化发展。

共同富裕政策是一个基于社会主义价值观的具有优越性的制度，它致力于提供全民基础保障，使每个人都能分享经济和社会发展的成果。共同富裕政策的优越性不仅在于其制度本身的灵活性，更在于其与所处环境的适配性所产生的外部推动力。相比之下，西方福利制度缺乏内在可控性，其普遍的救助保障条款扩张、覆盖范围扩大和水平提高所导致的依赖文化，使其陷入进退两难的境地，难以在资本和群众根本利益之间协调平衡。此外，经济增速放缓和政治上的钱权联盟等因素，一方面使西方福利制度缺乏资金支持，另一方面使其缺乏良好的政治实施环境。这样使资本的无序扩张不断消耗福利制度的合理性，进一步削弱了其可持续性。

共同富裕不仅是一个总体概念，更是一个基于不同国情和民情，以全局视野动态发展的过程，其灵活性与其对外部环境的适应性相互作用。共同富裕的价值理念可以化解资本的双重性与社会主义制度间的阻力，增强制度间的适应性和互动性，从而塑造共同富裕的强大制度支持优势。

（三）坚持党的全面领导

中国现代化进程中必须坚持中国共产党的领导。在西方政党制度下，福利制度的负面影响被最大化，制度效率被最小化，人性因素被置于资本导向之下，成为政党谋取私利的工具。在多党制中，各党派相互掣肘，导致福利资金利用效率低下，许多承诺只是空头支票，难以为福利制度提供可持续的保障。相比之下，中国共产党始终坚持以人民为中心，坚持为人民谋幸福。中国共产党的百年奋斗历程充分证明了党的领导为共同富裕提供了重要的价值保障、组织路线保障和精神动力保障。

四、奋力实现共同富裕的中国式现代化

共同富裕是实现社会主义现代化的重要组成部分，也是中国式现代化的鲜明特征。增强发展的平衡性和协调性，推动高质量发展，是共同富裕的应有之义。

（一）秉持"共同"原则以增强发展的平衡性和协调性

实现共同富裕的过程中，我们必须认识到发展不平衡是影响社会和谐稳定的主要因素之一。城乡、区域和收入差距过大等问题，阻碍了全面发展目标的实现。为了解决这些问题，我们需要实施有针对性的政策措施，从多方面入手，包括但不限于加大对贫困地区和人口的帮扶力度，提高教育水平，增强经济转型升级的能力，培育和发展新产业和新业态等。同时，我们需要进一步加强城乡和区域间的协调和合作，鼓励更多的人才、技术和资本流动，推动发展成果的可持续和有序流动，营造更加公正和有序的发展环境。

首先，解决发展不平衡不充分的问题。尽管我国已经在这方面取得了很大的进展，但区域在收入、基本公共服务等方面，仍然有着比较明显的差距。因此，我们需要坚持以乡村振兴推动城乡融合发展，畅通城乡资源要素流通渠道，树

立全局观念，通过制度顶层设计来改善城乡、区域和居民收入不平衡现象，促进中东西部平衡发展新格局的形成。

其次，解决贫困问题是当前减贫增收工作的主要抓手，也是推动协调发展的重要举措。消除绝对贫困不仅是人类文明进步的重要标志，更是一个国家制度优势的集中体现。虽然西方福利制度是发达资本主义国家缓解贫困问题的主要手段，但其"兜底式"福利所彰显的优越性在福利制度改革中也显现出弊端。例如，缺少针对性的集中帮扶机制造成资金紧张和浪费，而因灾致贫、因病返贫等问题也根本无法避免和消除，这使得贫民窟和福利制度并存成为西方资本主义的矛盾性表征。相较于西方福利制度，中国式减贫是以坚持共同富裕的理念为前提进行的。要解决相对贫困问题，需要针对其分散性、多维性等特点建立动态化、精准化、长效化的监测、识别和帮扶机制，以形成政府帮扶和社会救助相结合的多层次政策体系和救助网络。此外，协调各地区、各部门间的合作也是非常重要的，这可以形成多元化的扶贫手段，促进全国贫困地区与其他地区的协同发展，最终实现共同富裕的目标。

再次，在当今世界格局下，实现共同富裕和可持续发展需要构建新的发展格局。这一格局应该促进全球经济的互联互通，推动资源的优化配置，促进技术的共享和创新，同时也应该积极参与全球治理和经济合作。为此，各国需要加强宏观政策的协调和合作，推进多边贸易体制的改革和完善，共同应对气候变化等全球性挑战，构建人类命运共同体；在构建新发展格局的过程中，需要加强国内市场建设，促进经济内循环和外循环的协同发展。在国内市场建设方面，需要通过扩大内需和增加民生投入来增强国内市场的活力，提高居民收入水平，促进消费升级，加快数字化、智能化和绿色化等方面的转型升级，从而实现经济内循环。在加强国际合作方面，需要加强与其他国家的合作，促进贸易和投资自由化、便利化，推动共建"一带一路"，打造世界级经济走廊等重大合作平台，为经济外循环提供更加广阔的空间和更加丰富的资源。构建新发展格局是实现共同富裕和可持续发展的重要途径。在这个过程中，需要秉持共享共赢的原则，加强国内市场建设和国际合作，共同推动全球经济发展和人类共同繁荣。

最后，要实现共同性与差异性的统一，做到机会平等、过程平等和结果平等。一是要把握先富的即时性和后富的历时性关系，在坚持共同富裕总体概念的基础上，动态持续推进全民共富。二是做到导向性同切实性的统一。我们需要瞄准共同富裕的总体目标，坚持"尽力而为，量力而行"的原则，防止落入福利陷阱，以循序渐进的耐力扎实推动共同富裕的进程。为实现目标导向与实践要求的统一，我们需要深入理解辩证思维方法。辩证思维方法强调通过对矛盾的认识和处理，实现事物的发展和进步。因此，在推进共同富裕的进程中，我们必须善于处理各种矛盾，如应该如何平衡城乡之间的差距，如何保证生态环境的可持续性，以及如何平衡经济效益和社会效益之间的关系。在实践中，我们还需要不断探索和总结共同富裕的经验和实践，如在一些地方，政府和企业积极推进脱贫攻坚工作，并通过扶贫项目、就业创业等方式促进贫困地区经济社会的发展。这些经验和实践为我们实现共同富裕提供了宝贵的参考和借鉴。我们还应该加强对共同富裕的宣传和教育，提高人们的共同富裕意识和自觉性。

（二）落实"富裕"目标以高质量发展实现民生富足

改革开放以来，我国在经济、科技、文化等方面取得了长足的进步，生产力实现了巨大的跃升。然而，随着经济发展的进一步推进，也出现了一些制约人民美好生活向往的问题，其中，发展不充分是主要问题之一。为了实现"富裕"目标，我们需要贯彻新发展理念，推动生产力动能提升和质量升级；同时，还需要加大人力资本投入，充分发挥人民的生产能动性。此外，公有制的主体地位必须得到坚定的保护和发展，公有资本必须得到壮大，新型农村集体经济也需要得到全面发展，从而夯实共同富裕的经济基础。

贯彻新发展理念，优化经济结构，要以充分发展生产力为前提，以满足人民对美好生活的向往为价值目标。共同富裕的核心是以人民为中心的发展逻辑，要准确把握人民对美好生活的需求特征，以新发展理念为指导优化供给侧结构，不断提高供给的质量和水平，使经济发展与人民需要实现双向互动，在更高水平上实现生产力发展和人民美好生活。西方福利制度是以财富的再分配刺激群众消费需求来推动资本增殖的再循环，而我们要坚持以人民为中心，通过优化经济结构和提高生产力水平来实现共同富裕的目标。

首先，加大人力资本投入是推动经济发展和实现共同富裕的关键因素之一。随着科技和经济的快速发展，劳动力市场对于高素质、高技能、适应性强的人才的需求越来越大。因此，政府应该加大对教育和培训的投入，提高教育和职业培训的质量，提升人民的整体素质和技能水平，以满足市场的需求。此外，政府还应该加强对劳动者权益的保护，加大对劳动力市场的监管力度，建立公平、透明、有序的劳动力市场，从而为人力资本的发展提供保障。

其次，共同富裕需要创造人人参与的环境和渠道。政府应该积极创造条件，鼓励和支持各类创业者，推动经济多元化和市场化，使更多人能够分享经济发展的成果；同时，还应该加大对弱势群体的扶持力度，建立健全社会保障制度，为弱势群体提供基本的生活保障和医疗保障，从而促进社会公平和稳定。

再次，畅通人才流动渠道和维护合理适度的竞争环境是激发人民致富热情的重要手段。政府应该建立开放、透明、公平的人才流动机制，为人才提供更多的发展机会和空间；同时，还应该加强市场监管，防止垄断和不正当竞争的产生，建立公平的市场环境，为企业家和创业者提供更好的发展空间。

最后，要坚持"富口袋"和"富脑袋"的统一，促进人的全面发展。政府应该加强对文化教育的支持，推动文化事业的发展，促进文化水平和道德水平的提高；政府还应该加大对科技研发和创新的投入，实现共同富裕是中国现代化建设的重要目标，这一目标的实现需要我们具备长远眼光和务实行动的能力。共同富裕不是一时之需，而是需要持久的、长期的努力。因此，我们必须在实现共同富裕的过程中始终保持目标意识和过程意识。这意味着我们不仅要有明确的共性目标，还要探索出符合自身国情的个性化路径。

在实现共同富裕的过程中，我们需要采取切实有效的行动，包括加强劳动技能培训、提高劳动者的教育水平和职业素养，倡导勤劳致富，激励群众勤奋劳动、合法劳动、正当劳动；畅通人才流动渠道，保障市场主体，保障就业，维护合理适度的竞争环境，激发人民的上进心，等等。这些措施都是为了激发人民致富的积极性，推进共同富裕目标的实现。

结　语

2022年10月16日到22日，中国共产党召开了第二十次全国代表大会，这是在全党全国各族人民迈向全面建设社会主义现代化国家新征程，向第二个百年奋斗目标进军的关键时刻召开的一次十分重要的大会。这次大会明确指出，从现在起，中国共产党的中心任务就是要团结带领全国各族人民全面建成社会主义现代化强国，实现第二个百年奋斗目标，以中国式现代化全面推进中华民族伟大复兴。

一、中国式现代化的科学理论体系

中国式现代化，是党在长期追求和探索过程中形成的推进中华民族伟大复兴的重大理论和实践成果。2023年2月7日，习近平总书记在新进中央委员会委员、候补委员和省部级主要领导干部学习贯彻习近平新时代中国特色社会主义思想和党的二十大精神研讨班开班式上发表重要讲话，深刻阐明中国式现代化的一系列重大理论和实践问题，鲜明强调党在中国式现代化建设中的领导地位。

党的二十大报告具体阐发了中国式现代化的科学理论内涵。报告从五个方面对中国式现代化的鲜明特征作出了明确概括：中国式现代化是人口规模巨大的现代化，是全体人民共同富裕的现代化，是物质文明和精神文明相协调的现代化，是人与自然和谐共生的现代化，是走和平发展道路的现代化。这五个方面的特征，既是理论概括又是实践要求，深刻地体现出了中国式现代化理论的科学性，集中体现了中国式现代化不同于其他国家现代化的特点。这五大特征也表明我们要以经济建设为中心，坚持四项基本原则，坚持改革开放，坚持发展中国特色社会主义，坚持走和平发展道路的决心。党的二十大报告又从九个方面提出了中国式现代化的本质要求，即坚持中国共产党领导，坚持中国特色社会主义，实现高质量发展，发展全过程人民民主，丰富人民精神世界，实现全体人民共同富裕，促进人与自然和谐共生，推动构建人类命运共同体，创造人类文明新形态。由此，我们可以看出，中国式现代化的本质要求是全面系统的，包括了政治、经济、文化、生活等社会发展的各个方面，其中既有经济建设的要求，也有政治建设和文化建设的要求；既有人与社会之间关系上的要求，也有人与自然之间关系上的要求；既有中华民族共同体的建设，也有人类命运共同体的构建。这样一幅中国式现代化的宏伟蓝图体现了中国共产党作为中国工人阶级的先锋队，以马克思列宁主义、毛泽东思想、邓小平理论、"三个代表"重要思想、科学发展观、习近平新时代中国特色社会主义思想为指导；代表最广大人民的根本利益，全心全意为人民服务；是中国特色社会主事业的核心领导力量，并保持高度的自觉性和先进性；坚持民主集中制原则，深入推进党的建设。

中国式现代化的科学理论体系对中国共产党的思想指导、发展道路和党的建设有着深远的实践意义。在经济建设方面，中国共产党坚持以经济建设为中心的发展思路，推动了中国经济的快速发展。通过坚持改革开放，实行市场经济，吸引外资，发展高新技术产业等方式，中国在短短几十年时间内成为了世界第二大经济体，人民生活水平得到了显著提高。在国际关系上，中国共产党秉持和平发展道路，推行友好合作的国际关系。中国积极参与国际事务，推动建立公平合理的国际秩序，倡导构建人类命运共同体的全球治理新理念，为促进世界和平与发展作出了贡献。在社会制度方面，中国共产党坚持发展中国特色社会主义。中国建立了一套符合自身国情、适应时代发展需要的社会制度；同时，不断推进国家治理体系和治理能力现代化，为中国的长期稳定发展奠定了基础。在党的建设方面，中国共产党深入推进党的建设，通过坚持民主集中制原则，实行权力制约、选人用人制约、组织制约、纪律制约等方式，提高了党的建设的科学化水平。中国式现代化的科学理论体系的实践影响体现在各个领域，对于中国发展进步和全球治理体系的现代化进程都具有重要的启示作用。

二、中国式现代化的三重超越性

中国式现代化具有三重超越性，即超越前现代，超越后现代，超越西方现代化的理论、实践、模式及相应的标准。中国式现代化的实践和成就超越了传统的现代化理论和西方现代化模式，体现了中国式现代化道路的独特性和可持续性。

（一）中国式现代化在经济领域的超越性

在过去几十年的发展过程中，中国共产党始终坚持以经济建设为中心的基本方针，成功地推动了中国的经济快速增长。中国的经济发展方式也在不断升级和转型，逐步从依赖出口、投资和消费为主的经济模式转向以创新、升级和消费为主的经济模式，这种转型具有极大的超越性。中国式现代化在国际经济合作方面体现出超越性。中国将坚持深化改革开放，大力发展外向型经济，推动建设开放型世界经济。作为全球第二大经济体，中国正在积极参与国际合作和全球治理，推动建设更加公正、合理、平衡、普惠的国际经济体系。中国式现代化在经济治理方面也具有超越性。深入推进国家治理体系和治理能力现代化，提高国家治理体系和治理能力的现代化水平，要构建一个更加高效、透明、科学、法治化的经济治理体系，加强国家宏观调控和市场监管，促进经济的健康稳定发展，这也是中国式现代化在经济领域的超越性之一。中国式现代化在经济领域的超越性体现在其经济发展方式的升级和转型、国际经济合作的积极参与以及经济治理体系的现代化建设等方面。这些举措都有助于推动中国经济的健康稳定发展，并为世界经济的发展作出更大的贡献。

（二）中国式现代化在政治领域的超越性

党的二十大报告强调，"必须坚定不移走中国特色社会主义政治发展道路"，"坚持宪法确定的中国共产党领导地位不动摇"。在政治领域，中国特色社会主义具有三个显著特点：一是坚持党的领导，加强和完善社会主义基本政治制度；二是发扬民主、依法治国，加强社会建设；三是推进全面依法治国，建设中国特色社会主义法治体系。

首先，坚持党的领导是中国特色社会主义政治制度的本质特征，是中国式现代化在政治领域的超越性。中国共产党是中国特色社会主义事业的领导核心，必须始终保持党的先进性和纯洁性，不断加强党的建设。在实践中，中国共产党通过制定和完善党内法规，建立党组织在国家机构和经济组织中的领导体制，确保党的领导得以有效贯彻和落实。其

次，发扬民主、依法治国，加强社会建设也是中国特色社会
主义政治制度的显著特点之一。中国共产党强调要推动全面
依法治国，建设中国特色社会主义法治体系。在实践中，中
国共产党致力于构建社会主义民主政治，推进政治体制改
革，加强社会建设，提高人民的参与度和获得感。这些为中
国式现代化建设提供了坚实的政治保障。

（三）中国式现代化在文化领域的超越性

党的二十大报告强调，坚守中华文化立场，提炼展示中
华文明的精神标识和文化精髓。报告也指出，"全面建设社
会主义现代化国家，必须坚持中国特色社会主义文化发展道
路，增强文化自信"。

中国注重传统文化的传承和创新，同时吸收西方先进文
化，形成了具有中国特色的文化。这种文化在弘扬中华优秀
传统文化的同时，也能够适应现代化的需求，体现了文化的
包容性和创新性。这也体现了具有中国特色的文化自主选
择，也是三重超越性的具体表现之一。

在文化建设方面，中国共产党既高度重视传统文化的保
护和传承，同时也积极推动新文化的创造和发展。中国传统
文化是中华民族的宝贵财富，具有独特的魅力和价值，应当
通过现代化手段进行保护和传承；同时，也要重视推动新文

化的创造和发展，通过文化产业的发展来推动经济发展。在文化交流方面，要倡导和支持文化多样性和文明交流互鉴；要加强国际文化交流，推动中华文化走向世界；要借鉴和吸收其他文明的优秀成果，促进文明之间的交流和融合。在文化软实力方面，通过"中国梦"和"文化自信"等重要理念，宣传和推广中国文化，提高国家的文化软实力和国际地位。文化产业也是现代经济的重要组成部分，可以为国家经济发展作出积极贡献。

三、中国共产党与中国式现代化

中国共产党坚持把人民群众的根本利益放在首位，不断完善社会主义制度，发展中国特色社会主义，这使得中国式现代化更加注重人的全面发展，更加注重社会公平和正义，形成了具有中国特色的现代化道路。中国共产党与中国式现代化之间是密不可分的关系，中国共产党的领导是中国式现代化成功的核心要素。

中国共产党是中国式现代化的开创者。从成立之初，中国共产党就深入分析中国的国情和历史文化传统，坚持解放和发展生产力、保障人民福祉、推动社会进步。随着改革开放政策的实施，中国共产党大力推动市场经济的发展，加强

了科技创新和教育事业的发展，提高了人民群众的生活水平
和文化素质，不断提升国家综合实力和国际地位。

中国共产党是中国式现代化的引领者。在中国式现代化
的进程中，中国共产党始终保持着引领者的地位。一方面，
中国共产党在现代化建设的理论、路线、方针、政策的制定
和执行中起着核心领导的作用，推进了全国范围内的现代化
进程；另一方面，中国共产党通过组织的力量和广泛的群众
基础，调动了全国人民的积极性和创造力，推动了现代化建
设的各项工作。在经济领域中，中国共产党以实施改革开放
政策为契机，积极推动市场经济的发展，不断完善经济体
制。在政治领域中，中国共产党坚持以人民为中心的发展思
想，建立了人民代表大会制度、协商民主制度等，加强了政
府机构建设和社会管理，促进了社会稳定和谐。在文化领域
中，中国共产党致力于弘扬中华优秀传统文化，推进文化产业
的发展，加强对文化事业的投入，不断提高人民的文化素质。

中国共产党是中国式现代化的掌舵人。中国共产党在推
进中国式现代化的过程中，不断探索、实践和创新，积极引
导中国的现代化发展。中国共产党的全面领导，保证了中国
式现代化道路沿着正确的方向前进，不会走上弯路、歧途；
党的自身建设，增强了防腐拒变的能力，保证了中国式现代
化建设不会偏离以人民为中心的原则。

主要参考文献

[1]《高举中国特色社会主义伟大旗帜　为全面建设社会主义现代化国家而团结奋斗——在中国共产党第二十次全国代表大会上的报告》，人民出版社2022年版。

[2]《习近平谈治国理政》，外文出版社2014年版。

[3]《习近平谈治国理政》第二卷，外文出版社2017年版。

[4]《习近平谈治国理政》第三卷，外文出版社2020年版。

[5]《习近平谈治国理政》第四卷，外文出版社2022年版。

[6]《中共中央关于党的百年奋斗重大成就和历史经验的决议》，人民出版社2021年版。

[7]《在庆祝中国共产党成立100周年大会上的讲话》，人民出版社2021年版。

[8]《习近平关于科技创新论述摘编》，中央文献出版社2016年版。

[9]《习近平关于全面建成小康社会论述摘编》，中央文献出版社2016年版。

［10］《习近平关于社会主义社会建设论述摘编》，中央文献出版社2017年版。

［11］《论把握新发展阶段贯彻新发展理念构建新发展格局》，中央文献出版社2021年版。

［12］《中共中央关于制定国民经济和社会发展第十四个五年规划和二〇三五年远景目标的建议》，人民出版社2020年版。

［13］《中共中央关于坚持和完善中国特色社会主义制度 推进国家治理体系和治理能力现代化若干重大问题的决定》，人民出版社2019年版。

［14］《十九大以来重要文献选编（上）》，中央文献出版社2019年版。

［15］《建国以来重要文献选编》（第十册），中央文献出版社1994年版。

［16］《马克思恩格斯文集》（第一至十卷），人民出版社2009年版。

［17］《列宁选集》第三卷，人民出版社2012年版。

［18］《毛泽东选集》（第四卷），人民出版社2009年版。

［19］《毛泽东文集》第八卷，人民出版社2009年版

［20］《周恩来选集》（上、下），人民出版社1984年版。

［21］《邓小平文选》（第二卷），人民出版社2001年版。

［22］《江泽民思想年编（一九八九——二○○八）》，中央文献出版社2010年版。

［23］《胡锦涛文选》（第三卷），人民出版社2016年版。

［24］《德意志意识形态（节选本）》，人民出版社2018年版。

［25］《1844年经济学哲学手稿》，人民出版社2018年版。

［26］中共中央宣传部理论局编：《当代中国马克思主义研究巡礼》（上），人民出版社1995年版。

［27］秦宣：《中国特色社会主义重大问题研究》，中国人民大学出版社2019年版。

［28］尹保云：《什么是现代化——概念与范式的探讨》，人民出版社2001年版。

［29］〔德〕克劳斯·奥菲：《福利国家的矛盾》，郭忠华等译，吉林人民出版社2006年版。

后 记

从党的十八大开始，中国特色社会主义进入新时代。习近平总书记在党的二十大报告中明确指出："在新中国成立特别是改革开放以来长期探索和实践基础上，经过十八大以来在理论和实践上的创新突破，我们党成功推进和拓展了中国式现代化。"中国式现代化推动中华民族伟大复兴的历史实践，表明了中国式现代化以全新的理念与丰硕的成就丰富了世界现代化的理论思想与实践路径，打破了以资本逻辑为内容、以资本增殖为导向的西方资本主义现代化模式，为人类的现代化进程提供了新的选择，向全人类证明了现代化是朝着自由解放方向发展的光明前景。本书的撰写旨在让读者通过阅读本书，能够把握这一维度上我们时代的精神。

非常荣幸应林郁编审的邀请参与到重庆出版社策划的这套"读懂新时代"丛书之中。这一次的写作给了我就"中国式现代化"与"共同富裕"的问题进行全面梳理与深度思考的机会。整个写作过程让我对习近平新时代中国特色社会主义思想，党的基本路线、基本方略有了更深层次的理解和领会。这对一名马克思主义理论工作者，同时也是高校思想政治课教师的我来说，无疑也是一次绝佳的学习机会。

由于学识有限，书中难免有疏漏之处，还望广大读者指正！

谢静于长风风荷苑

2023年9月1日